AF124193

www.ingramcontent.com/pod-product-compliance
Lightning Source LLC
LaVergne TN
LVHW010417070526
838199LV00064B/5332
* 9 7 8 9 3 5 8 7 2 4 6 5 3 *

لہرِ تبسم

(حصہ اول)

(رسالہ 'شگوفہ' کے شماروں سے منتخب شدہ انشائیے)

ادارہ شگوفہ

Lahr-e-Tabassum : Part-1 *(Inshaaiyeh)*
Edited by : Idara Shugoofa
Edition: December '2023
Publisher :
Taemeer Publications LLC (Michigan, USA / Hyderabad, India)

ISBN 978-93-5872-465-3

کتاب	:	**لہر تبسم** (حصہ اول)
مرتب	:	**ادارہ شگوفہ**
صنف	:	طنز و مزاح
ناشر	:	تعمیر پبلی کیشنز (حیدرآباد، انڈیا)
سالِ اشاعت	:	۲۰۲۳ء
صفحات	:	۴۲
سرورق ڈیزائن	:	تعمیر ویب ڈیزائن

فہرست

ڈاکٹر ایس ایم معین قریشی
پاکستان

''باس'' زندہ، ذلّت باقی

آپ مٹی کی ایک مورتی بنائیں، بن جائے گی۔ آپ اسے ''باس'' کا نام دیں، اس کی گردن فوراً اکڑ جائے گی۔ قدرت کا تیار کردہ باس ایسا ''پیس'' ہوتا ہے جو منجملہ دیگر خبائث کے اپنی زبان کو آرام اور کانوں کو کام کرنے کی اجازت نہیں دیتا۔ اس کے سر میں دماغ کی جگہ بھیجا ہوتا ہے، جسے وہ سوچنے کے بجائے ماتحتوں کو نوچنے میں لگا دیتا ہے۔ یہ امر ہنوز تحقیق طلب ہے کہ باس جیسی مخلوق کی کھوپڑی میں ہوتا کیا ہے ___ بھیجا، بھُس یا بھکسا (سڑا ہوا آٹا)؟ یہ سب کچھ ہم اپنے ذاتی تجربے کی بنیاد پر کہہ رہے ہیں، اس لیے کہ سرکار کی نوکری میں ہم 36 سال باس کی تہمت سر پہ لیے پھرے۔ لیکن چونکہ ہر باس کا ایک باس ہوتا ہے اس لیے ماتحتی کی ہزیمت بھی بخوشی برداشت کرتے رہے۔ اگر اپنے باس کے سامنے اپنی خودی کو ایک انچ بھی بلند کرنے کی کوشش کرتے تو ___ ہماری داستاں تک بھی نہ ہوتی داستانوں میں۔

ہم نے ملازمت (بلکہ زندگی) کا بڑا حصہ تعلقات عامہ میں گزارا اور اسی لیے باس کے لیے تقریریں، رپورٹیں، پیغامات وغیرہ لکھنا ہمارے فرائض منصبی اور ان کی ذاتی تشہیر کا خاطر خواہ بندوبست کرنا فرائض غیر منصبی میں شامل تھا۔ ایک روز خدا کا کرنا ایسا ہوا کہ باس نے ایک سیمینار میں کلیدی خطاب (Key-note address) کے لیے ہمیں بیس منٹ کی تقریر لکھنے کا حکم عنایت کیا۔ ہم نے حسبِ توفیق بڑی محنت سے ایسی تقریر لکھی جس میں بار بار اُن سے ''میری رائے میں''، ''میرے نزدیک''، ''میں سمجھتا ہوں'' کہلوایا تاکہ سامعین پر ان کے علم و دانش کی دھاک ایسی بیٹھے کہ اٹھنے کا نام نہ لے۔ ہم نے احتیاطاً تقریر کی تین کاپیاں تیار کر کے انہیں دے دیں کیونکہ ہمیں یقین تھا کہ سیمینار کے شرکا میں سے چند ایک قدردان ضرور ایسے پرمغز خطاب کی نقل ان سے لینی چاہیں گے۔

تاہم جب وہ سیمینار سے واپس لوٹے تو آتے ہی ہماری پیشی ہوگئی۔ ہم نے دیکھا کہ موصوف بھنائے ہوئے تھے۔ ہم نے ڈرتے ڈرتے، تھوک نگلتے ہوئے ان سے پوچھا:

''سر، آپ کا خطاب لوگوں کو پسند آیا؟''

ہم پر آنکھیں نکالتے ہوئے گرجے ''آپ کو کس گدھے نے ڈائریکٹر تعلقات عامہ بنایا تھا؟'' ہم جواب دیتے تو ان کا راز فاش ہوتا لہٰذا اپنا پہلا سوال دہرایا۔ اب وہ چنگھاڑے ''آدھے نالائق میرے خطاب کے دوران اونگھ رہے تھے۔ جو بد بخت جاگ رہے تھے وہ ایک ایک کر کے باہر نکلتے رہے۔ خطاب کے دوران مجھے اسٹیج پر سے تین پرچیاں ملیں۔ پہلی میں ڈائس چھوڑنے کی التجا، دوسری میں نصیحت اور تیسری میں دوٹوک ہدایت کی گئی تھی۔ پھر چوتھی پرچی سامعین کی طرف سے آئی جس میں ایک ایسا مصرع لکھا ہوا تھا جس کا کوئی جواز نہ تھا۔'' ہم نے لڑکھڑاتی ہوئی زبان سے سوال کیا ''سر، وہ مصرع کیا تھا؟'' کہنے لگے ''کسی احمق نے لکھا تھا ع

سنگ ہر شخص نے ہاتھوں میں اٹھا رکھا ہے۔ بھلا اس کی وہاں کیا تک تھی؟ لیکن آپ نے اپنی تحریر کے اتنے ڈنکے پیٹ دیے تھے کہ پرچیوں کو نظر انداز کرتے ہوئے میں اسے پوری پڑھے بغیر وہاں سے نہیں ہٹا۔'' ''پھر کیا ہوا، سر؟'' ہماری آواز حلق میں

اٹک کر رہ گئی۔ ہم پوچھنا یہ چاہ رہے تھے کہ ''یہ کیوں ہوا، سر؟'' انہوں نے اندھا دھند فائرنگ جاری رکھتے ہوئے جواب دیا ''پھر یہ ہوا کہ اُن نابنجاروں نے میرے بیٹھنے کے بعد سیمینار ختم کرنے کا اعلان کر دیا۔'' ہم ہارے یعنی مار کھائے ہوئے باکسر کی طرح باس کے سامنے سے اٹھنے لگے تو انہوں نے پانی حلق سے اتارتے ہوئے ہمیں بیٹھے رہنے کا اشارہ کیا۔ پانی پی کر وہ کچھ ٹھنڈے پڑے تو ہماری مخدوش حالت کے پیش نظر اپنے غصے میں ایک درجہ کمی کرتے ہوئے قدرے نرم لہجے میں گویا ہوئے'' آپ نے ایک گھنٹے کی تقریر کیوں لکھی تھی؟ میں نے آپ کو واضح طور پر بتایا تھا کہ منتظمین نے مجھے صرف بیس منٹ دیے تھے۔'' یہ سن کر تو ہم بوکھلا گئے لیکن چونکہ بلا وجہ عزت پر حرف آ رہا تھا اس لیے جان کی امان پاتے ہوئے ان سے عرض کیا

'' سر، میں نے تو بیس منٹ ہی کی تقریر لکھی تھی۔ آپ کو دو اضافی کاپیاں اس لیے دی تھیں کہ مبادا ان کی ضرورت پڑ جائے۔''

ہماری وضاحت نے ان کی طبیعت کو مزید مکدّر کر دیا۔ نتیجہ: ہمارے مقدر کی ایک اور ناحق معذرت جو ہم نے کلیجے پر پتھر رکھ کر کی اور ان سے جان چھڑائی۔

نامور امریکی شاعر رابرٹ فراسٹ(Robert Frost) نے کہا تھا'' روزانہ آٹھ گھنٹے پوری جانفشانی کے ساتھ کام کریں تو ایک نہ ایک دن آپ باس بن جائیں گے...پھر آپ کو بارہ گھنٹے روزانہ کام کرنا ہوگا۔'' اس دقیانوسی مشورے پر ہم یہی تبصرہ کریں گے کہ ع اگلے وقتوں کے ہیں یہ لوگ انہیں کچھ نہ کہو۔ آج کا باس کام سے زیادہ ''جام'' پر توجہ مرکوز رکھتا ہے۔ کام کرنے کے لیے اس کے ماتحت کیا کم ہیں۔ نیو یارک شہر کی ''پرندہ مارکیٹ'' میں ایک دکان میں بڑے سے پنجرے میں آہنی سلاخ پر تین طوطے برابر برابر بیٹھے ہوئے تھے۔ ایک گاہک نے دکاندار سے پوچھا'' بھائی جان، یہ دائیں ہاتھ والا طوطا کتنے کا ہے؟'' ''پانچ سو ڈالر کا۔'' گاہک قیمت سن کر اچھل گیا اور یہ پوچھے بغیر نہ رہ سکا کہ آخر اس میں ایسی کیا خوبی ہے جو یہ اتنا مہنگا ہے۔ دکاندار نے بتایا کہ اسے شیکسپئر کے پانچ ڈرامے از بر ہیں۔ آپ اپنا خالی وقت اس کے ساتھ آسانی سے گزار سکتے ہیں۔'' اوکے'' گاہک نے اگلا سوال کیا'' اور یہ جو بائیں طرف بیٹھا ہے، اس کی کیا قیمت ہے؟'' ''سات سو ڈالر'' گاہک کو دوسرا جھٹکا لگا۔ اس طوطے کے اوصاف پوچھنے پر دکاندار نے بتایا''یہ ورڈز ورتھ کا حافظ ہے۔ اس کی صحبت میں آپ اپنے شعری ذوق کی نہ صرف تکمیل کر سکتے ہیں بلکہ اسے جلا بھی بخش سکتے ہیں۔'' گاہک کی دلچسپی سودے میں بڑھتی جا رہی تھی۔ اس نے دکاندار سے کہا '' لگے ہاتھوں اس بیچ والے گُم صُم کے دام بھی بتا دو تاکہ میں کوئی فیصلہ کر سکوں۔ یہ کیا کرتا ہے اور کن اوصاف کا مالک ہے؟'' دکاندار نے مطلع کیا '' یہ آپ کو ہزار ڈالر کا پڑے گا۔ جہاں تک اس کے کام اور اوصاف کا تعلق ہے، سچی بات یہ ہے کہ میں نے اسے کبھی کچھ کرتے نہیں دیکھا لیکن یہ خود کو ان دونوں کا باس قرار دیتا ہے۔'' آسکر وائلڈ(Oscar Wilde) نے بڑے پتے کی بات کہی تھی'' کام تو وہ لوگ کریں جن کے پاس کچھ اور کرنے کو نہ ہو۔''

ایک دن ہمارے صاحب بہادر اچھے موڈ میں تھے۔ ہم نے بڑے ارمانوں سے انہیں اپنی ایک پورٹریٹ دکھائی جو شہر کے سب سے مشہور اور سب سے مہنگے فوٹو گرافر سے بنوائی گئی تھی۔ ''کیا کہنے!'' باس کے منہ سے بے ساختہ نکلا اور ہماری آنکھوں میں چمک دوڑ گئی۔ انہوں نے اپنی بات آگے بڑھائی '' بعض لوگ دیکھنے میں بہت خوبصورت ہوتے ہیں مگر ان کی تصویر نحوست زدہ آتی ہے۔ ماشاءاللہ آپ کے ساتھ اس کا اُلٹ ہوا ہے۔'' ایسی سچوایشن کے لیے سلمیٰ آغا ایک برمحل نغمہ گا چکی ہیں__ دل کے ارماں آنسوؤں میں بہہ گئے۔ ہم بھی زیرِ لب یہی گنگناتے ہوئے واپس آئے اور اپنی سیٹ میں ڈھے گئے۔

کامیاب باس بننے کے لیے از حد ضروری ہے کہ آپ کی زبان شائستگی سے عاری ہو۔ جتنی تیزی سے آپ کی زبان اخلاق اور تمیز سے دور ہوگی اتنی ہی آپ کی ترقی کی منزل قریب تر ہوتی

جائے گی۔ زبان بگاڑنے کے لیے از حد ضروری ہے کہ آپ ٹی وی کے ٹاک شوز باقاعدگی سے دیکھنے کا اہتمام کریں۔ ایک دفعہ آپ کی بدزبانی کا سکہ جم گیا تو آپ کے پوبارہ ہو جائیں گے۔ پھر آپ کو پارلیمنٹ سے خصوصی خطاب اور دھرنوں میں مقررین کی تربیت کے لیے مدعو کیا جانے لگے گا۔ بگ باس بننے کا ایک فائدہ یہ بھی ہے کہ آپ کی حماقت پر ذہانت کی چھاپ لگانے والوں کا ایک جتھہ اور آپ کے بے ہنگم لطیفوں پر قہقہے لگانے والوں کا ایک ''طائفہ'' ہر وقت آپ کو حاضر اسٹاک میں دستیاب ہوگا۔ لیکن اچھی طرح سمجھ لیں کہ جب آپ ریٹائر ہو جائیں گے تو یہی قوال صفت لوگ آپ کو آپ کے منصب جلیلہ سے گرا کر ''منصب ذلیلہ'' پر لے آئیں گے۔ عالی جناب، سر، جناب والا، عالی مرتبت کہنے اور لکھنے والے آپ کو صہبا اختر کے الفاظ میں یوں یاد کیا کریں گے۔

سخت بے توقیر تھے وہ لوگ میں صہبا جنہیں
مرشدی، مولائی، آقا، محترم لکھتا رہا

بعض چنٹ قسم کے ملازمین اپنے باس کی ''چائنا چھاپ'' یعنی دو نمبر کی فہم و فراست سے پورا پورا فائدہ اٹھاتے ہیں۔ یہ 2012ء کی بات ہے۔ ایسے ہی ایک چکر باز نے اپنے باس سے تنخواہ میں اضافے کی درخواست کی۔ ''تنخواہ میں اضافہ؟'' باس بدک اٹھا'' تم پورے سال آفس میں نظر نہیں آئے اور تنخواہ میں اضافہ چاہتے ہو؟''

''سر، میری عرض تو سنیئے'' اہل کار نے اظہار عاجزی کیا۔

''ہاں بکو۔''

''سر، سال میں 365 دن ہوتے ہیں نا؟''

''ہوتے ہیں ــــ پھر؟''

''سر، یہ لیپ کا سال تھا اور آج سال کا آخری دن ہے اس لیے کل دن ہو گئے 366، ٹھیک؟''

''آگے چلو۔''

''سر، ہم آٹھ گھنٹے روزانہ کام کرتے ہیں یعنی ایک تہائی دن۔ یہ بنے سال میں 122 دن۔''

''کہنا کیا چاہتے ہو؟''

''سر، اتوار کو آفس بند رہتا ہے اس لیے 122 میں سے 52 دن نکال دیجیے۔ اب بچے 70 دن۔''

''چلو بچ گئے۔''

''سر، ہم عید، بقرعید اور محرم کی دو دو جبکہ یوم میلاد النبیؐ، یوم پاکستان، یوم آزادی، یوم مئی، کرسمس/ قائداعظم کا یوم پیدائش کی ایک ایک چھٹی کرتے ہیں۔ یہ ہوئیں کل 11 چھٹیاں لیکن ہماری بدقسمتی کہ سال میں کم از کم تین عام تعطیلات اتوار کے دن ضرور آجاتی ہیں لہٰذا اصل غیر حاضری ہوئی 8 دن کی۔ 70 میں سے 8 نکال دیجیے رہ گئے 62۔''

''میں نے مانا'' باس نے ملازم کو بیٹھنے کا اشارہ کیا۔

''سر، ہم سنیچر کو آدھے دن کام کرتے ہیں۔ سال میں 52 سنیچر ہوتے ہیں لہٰذا 62 میں سے 26 دن منہا کر دیجیے۔ باقی رہے 36۔''

''اچھا'' باس ملازم کے گورکھ دھندے میں بری طرح پھنس چکے تھے۔

''سر ہم سال میں 20 اتفاقی (Casual) اور 15 استحقاقی (Earned) چھٹیوں کے مستحق ہیں۔ یہ ہوئیں کل 35 چھٹیاں۔ 36 میں سے 35 گھٹا دیجیے اب بچا صرف ایک دن۔ سر، میں آپ کے سامنے بیٹھا ہوں نا؟

باس نے دانشورانہ انداز میں اپنا چشمہ آنکھوں پر سے اتارتے ہوئے کہا'' تم تحریری درخواست دو، میں غور کروں گا۔''

☆……○……☆

شوکت علی مظفر
(پاکستان)

ڈاکٹر یا عاشق؟؟

عاشق کا طب سے بڑا گہرا تعلق ہے۔ جو کام ڈاکٹر بڑی بڑی فیسیں لے کر کرتے ہیں، وہی کام عاشق مفت میں کرسکتا ہے۔ ڈاکٹر بڑی محنت سے ایک مریض کو نیا دل لگاتے ہیں اور عاشق یہی کام سیکنڈوں میں کر لیتا ہے، فوراً ہی اچھا چہرہ دیکھ کر دل لگا لیتا ہے۔ محبت اگرچہ اندھی ہوتی ہے، لیکن ہوتی ہمیشہ خوبصورت لوگوں سے ہی ہے۔ میڈیکل کے شعبے نے اب جا کر ترقی کی ہے کہ کسی مریض کو دوسرے انسان کا دل ٹرانسفر کیا جاسکتا ہے، عاشقی میں یہ کام برسوں سے چل رہا ہے۔ دل اس سبک رفتاری سے اور بغیر چیر پھاڑ کے ٹرانسفر کیے جاتے ہیں، سامنے والے کو احساس تک نہیں ہوتا کہ اس کے سینے میں ایک کی بجائے دو دل ہو چکے ہیں۔ ڈاکٹروں میں اگر کوئی انفرادیت نظر آتی ہے تو صرف اتنی کہ وہ گردے بھی تبدیل کر لیتے ہیں، عشق میں گردوں کا کوئی خاص عمل دخل نہیں ہوتا ورنہ یہ بھی ارزاں ہوتے۔ مَلک کہتا ہے، عشق میں گردوں کا ہی تو اصل کام ہوتا ہے، ورنہ دل گردہ نہ ہو تو عاشقی کیسے ممکن ہے؟

میڈیکل کی رو سے آنکھیں چار ہونے کا مطلب کسی کو چشمہ لگ جانا ہے جبکہ یہی کام عاشقی میں ہو تو عاشق کو پھر کچھ بھی نظر نہیں آتا۔ مَلک کہتا ہے، آنکھیں چار ہونے کے بعد ہی تو سب کچھ نظر آنے لگتا ہے۔ سرجری میں نشتر چلتے ہیں تو عاشقی میں بھی نظروں کے نشتر چلائے جاتے ہیں جس سے عاشق کا دل گھائل ہی رہتا ہے۔ مَلک نے ہماری غلط فہمی دور کرنے کی کوشش کی، نظروں سے تو تیر چلائے جاتے ہیں، نشتر تو باتوں کے لگتے ہیں۔ دلیل یہ دیتا ہے کہ محبوبہ دیکھنے سے زیادہ بولنے کو ترجیح دیتی ہے۔ ظاہر ہے بولے گی نہیں تو پھر فرمائشیں کیسے کرے گی، انہی فرمائشوں سے تو دل زخمی ہوتے ہیں۔۔

ڈاکٹروں کو عاشقی کبھی راس نہیں آتی کیونکہ عشق میں کبھی آہ بھی بھرتے ہیں تو اپنے لیے خود ہی نسخہ بھی لکھ کر کمپاؤنڈر کو پکڑا دیتے ہیں۔ میڈیکل میں ہر عضو کا الگ اسپیشلسٹ ہوتا ہے اور عاشق میں یہ کوالٹی ہوتی ہے کہ عشق کی تمام کیفیتوں کا اسپیشلسٹ وہ خود ہی ہوتا ہے۔ ایک ڈاکٹر جتنی دیر میں مریض کے لیے نسخہ لکھتا ہے، عاشق اتنی دیر میں کیوٹ سا ایس ایم ایس لکھ سکتا ہے۔ ہم نے مَلک سے پوچھا، ڈاکٹر کو تو نسخہ لکھنے کے پیسے ملتے ہیں، عاشق کو کیا ملتا ہے؟ مَلک نے جواب دیا، میسج ڈیلیوری رپورٹ۔ اس کا مطلب ہے عاشقی ڈاکٹری سے زیادہ تیز ہے، کیونکہ ڈاکٹر نے ابھی تو صرف نسخہ ہی لکھا ہوتا ہے اور عاشق کے پاس ڈیلیوری رپورٹ بھی آچکی ہوتی ہے۔

ہم نے مَلک سے پوچھا ''ڈاکٹری اور عاشقی میں کون سی ایسی چیز ہے جو ان دونوں شعبوں کو علیحدہ کرتی ہے۔''

مَلک نے جواب دیا ''ڈگری۔''

مستند ڈاکٹر وہی ہوتا ہے جس کے پاس ڈگری ہو اور مستند عاشق وہی ہوتا ہے جس کی عادت بگڑی ہو۔ اچھی عادتوں والا کبھی عشق نہیں کرسکتا، ڈاکٹری کرسکتا ہے۔ کہتے ہیں، عشق نہ پوچھے ذات۔ میڈیکل میں بھی یہی قانون لاگو ہے، یہ بھی ذات پات سے بالاتر ہے۔ اچھا ڈاکٹر اور عاشق ہمیشہ دل سے توجہ دیتا ہے۔ ڈاکٹری میں مریض کی دھڑکنیں سنی جاتی ہیں اور عاشقی میں محبوبہ کی، گویا عاشق اچھے ڈاکٹر بن سکتے ہیں، لیکن ڈاکٹر کبھی عاشق نہیں بن سکتے۔ وجہ یہ ہے کہ ڈاکٹر اسٹیتھو اسکوپ سے دھڑکنیں سننے سمجھنے کے عادی ہوتے ہیں اور عاشق صرف اسکوپ سے دھڑکنیں سن لیتے ہیں۔ عاشق سے کوئی مشورہ لیا جائے تو وہ کبھی اچھا مشورہ نہیں دے گا، اگر دے سکتا تو عاشق نہ ہوتا کوئی اچھا کام کر رہا ہوتا۔ ڈاکٹر سے بھی اچھے مشورے کی امید نہیں رکھنی چاہیے، کیونکہ یہ بھی اچھے مشورے دینے لگیں تو پھر ڈاکٹری کرنے کا فائدہ۔ ایک لڑکی ڈاکٹر کے پاس آئی ''سر! میں اپنی نازک، ملائم اور حساس جلد کی حفاظت کے لیے

کیا کروں؟''

ڈاکٹر نے جواب دیا''گھر کے اندر سے کنڈی لگا کر رکھا کرو۔''

ڈاکٹروں اور عاشقوں میں ایک قدرِ مشترک یہ بھی ہے کہ دونوں ہی میٹھی میٹھی باتیں کرکے اپنا کام چلانے کی کوشش کرتے ہیں۔اچھا ڈاکٹر وہی ہے جس کی دوا سے زیادہ زبان میں تاثیر ہو اور اچھا عاشق بھی وہ ہوتا ہے جس کی ''زبان'' میٹھی ہو۔ عشق اور ڈاکٹری میں بندہ دشمنی پر آجائے تو دوسرے کی جان بھی لے سکتا ہے۔ دونوں کی ہی گولیاں بڑی جان لیوا ہوتی ہیں، ایک پسٹل میں رکھ کر مارتا ہے اور دوسرا ہاسپٹل میں۔ عاشقی اور ڈاکٹری سنجیدہ لوگوں کا کام ہے۔ مَلک کو اعتراض ہے کہ ہم نے عاشقی کو کام کیوں کہا ہے؟ یہ تو بیکاروں کا شغل ہوتا ہے۔ مَلک کا اعتراض اپنی جگہ مگر عاشق کی ڈیوٹی ڈاکٹر کی طرح سخت ہی ہوتی ہے کسی بھی وقت ''ایمرجنسی'' ہوسکتی ہے۔ موجودہ دور میں ڈاکٹر اور عاشق دونوں ہی معیاری لباس میں نہ ہوں تو کوئی انہیں پہچان نہیں سکتا۔ ڈاکٹر اور عاشق سب سے پہلے ہاتھ پکڑتے ہیں اور دونوں ہی آنکھوں میں بڑے غور سے دیکھنے کے عادی ہوتے ہیں۔ عاشق اور ڈاکٹر کسی مرض میں مبتلا ہوجائیں تب بھی اپنی ہی منواتے ہیں جیسے ایک عاشق بیمار ہوگیا تو دوا لینے چلا گیا۔ ڈاکٹر نے نرس کو دونوں ہاتھ پکڑ کر نبض چیک کرتے دیکھا تو ڈانٹا ''بے وقوف! ایک ہاتھ پکڑ کر نبض چیک کرتے ہیں، تم نے دونوں ہاتھ کیوں پکڑ رکھے ہیں۔''

نرس نے بتایا ''سر! میں نے تو ایک ہی ہاتھ پکڑا ہوا ہے، دوسرا تو مریض نے پکڑا ہے۔''

جلد کے ڈاکٹر اور پرانے عاشق دونوں ہی بچت میں رہتے ہیں، اس میں کیس خراب ہونے کا خطرہ نہیں ہوتا۔ دانتوں کے ڈاکٹر اور جذباتی عاشق ہمیشہ دوسروں کے دانت نکالنے میں دیر نہیں لگاتے۔ ہڈیوں کے ڈاکٹر اور جدید عاشق دونوں ہی جوڑ توڑ سے واقف ہوتے ہیں، اسی لیے تو عاشق کباب میں سے ہڈی کو بھی اس صفائی سے نکالتے ہیں کہ خود ہڈی کو بھی خبر نہیں ہو پاتی۔ گلے کا ڈاکٹر اور گلی کا عاشق دونوں ہی کبھی ترقی نہیں کرسکتے، اگر کرسکتے تو ڈاکٹر کا کلینک گلی گلی میں ہوتا اور عاشق گلے ضرور پڑتا رہتا۔ کان کا ڈاکٹر اور کانا عاشق ہمیشہ ایک آنکھ سے تانک جھانک کرتے ہیں۔ بالوں کا ڈاکٹر اور بالوں والا عاشق ہمیشہ کامیاب رہتا ہے۔ جنرل فزیشن اور جنرل عاشق دونوں ہی ''حرارت'' کے بل بوتے پر کام چلاتے ہیں۔ لیڈی ڈاکٹر اور لیڈی عاشق دونوں ہی مسکرا کر نہ دیکھیں تو سامنے والا خود کو بیمار نہیں سمجھتا اور اگر دیکھ لیں تو ہمیشہ بیمار ہی رہتا ہے۔ ڈاکٹر اور عاشق دونوں مصنوعی سانس کے ماہر ہوتے ہیں اور دونوں ہی سامنے والے کا منہ اپنی اپنی ترکیب سے بند رکھنے کا ہنر جانتے ہیں۔ بہترین ڈاکٹر اور عاشق وہی ہے جس کی لکھائی خراب اور کمائی بے حساب ہو۔ ایمرجنسی وارڈ کا ڈاکٹر اور ایمرجنسی عاشق دونوں کی ہی قوتِ فیصلہ کمزور ہو تو کیس ہاتھ سے نکل جاتا ہے۔

ڈاکٹر اور عاشق تو بہت سے ہیں مگر انہیں ''ایڈجسٹ'' کرنے کا مسئلہ ہے، اس لیے اصل موضوع کی طرف آتے ہیں کہ اپنے دور میں جمہوری صدر صاحب نے فرمایا تھا کہ وہ اپنے تمام جسمانی اعضا بعد از وفات عطیہ دینے کا اعلان کرتے ہیں۔ اس بیان کے بعد مَلک صاحب اس کشمکش میں مبتلا ہیں کہ محترم صدر صاحب کے تو لاکھوں عاشق ہیں کس کس کی فرمائشیں پوری کی جائیں گی کیونکہ سچا عاشق اپنے محبوب کی کوئی نہ کوئی نشانی اپنے پاس رکھنا چاہتا ہے اور دوسرا مسئلہ ڈاکٹروں کے لیے ہے کہ وہ کیسے صدر صاحب کو حصوں بخروں میں تقسیم کرنے کی جرأت کریں گے کیونکہ اتنا ''عظیم انسان'' صدیوں میں جنم لیتا ہے اور ویسے بھی اچھی قومیں اپنے محسنوں کو اس طرح ٹکڑوں میں تقسیم نہیں کیا کرتیں۔ یہ احسان نہیں تو کیا ہے کہ آج پاکستان انہی کے دَم سے تو قائم ہے، اگر وہ نعرہ نہ لگاتے ''پاکستان کھپے'' تو سوچیے نہ پاکستان ہوتا نہ ڈاکٹر ہوتا اور نہ عاشق ہوتا۔ اس لیے مَلک تو یہی نعرہ لگاتے ہیں ''زرداری کھپے، زرداری کھپے!!!'' کیا کہا، مَلک پاگل ہے، تو ہمیں آپ سے اتفاق ہے، پاگلوں کے ڈاکٹر اور پاگل عاشق کا کبھی اعتبار نہیں کرنا چاہیے۔

samuzzaffar@gmail.com

☆......○......☆

جاوید نہال حشمی
کولکتہ

آسانڈ، مجھے...

یوروپی اور دیگر مغربی ممالک کے باشندے بڑی تکبرانہ شان کے ساتھ خود کو دوسروں سے زیادہ ترقی یافتہ اور مہذب تصور کرتے ہیں، اور ہم بڑی خندہ پیشانی سے سرِ تسلیم خم کرتے ہوئے نہ صرف اپنی ''پسماندگی'' کا اعتراف کرتے ہیں بلکہ اپنے ''غیر مہذب'' ہونے کا اقرار کرتے ہوئے اپنے تمام تر ''دقیانوسی'' طور طریقوں اور ''فرسودہ'' اندازِ فکر سے چھٹکارا حاصل کرنے کے لئے اُن کے نت نئے جدید فیشن کو اپنانے کی ہوڑ میں ایک دوسرے پر سبقت لے جاتے ہیں۔۔

یہ تقلیدی مقابلہ آرائی باطنی کم، ظاہری زیادہ ہوتی ہے۔ اب یہی دیکھئے، ہمارے نوجوانوں نے پوشاک تو مغربی اپنا لی لیکن جسم کے ساتھ دل و دماغ مشرقی ہی رہے۔ ذرا تقابلی جائزہ لیجئے کہ ہندو پاک کے مقابلے میں یوروپ و امریکہ میں کتنے زنا بالجبر کے معاملے سامنے آتے ہیں؟ زمین آسمان کا فرق نظر آئے گا۔ تو کیا وہاں کے مرد شریف النفسی کی دنیا میں عظیم ترین مثال ہیں؟ تو پھر کیا وہاں کی میڈیا نکمّی ہے؟ جی نہیں، یہ مغربی لڑکیوں کی فراخ دلی ہے، کشادہ ذہنی ہے کہ ایسی حرکتوں کو عموماً کوئی اہمیت نہ دیتے ہوئے انہیں درگزر کر دیتی ہیں تاکہ اہم سماجی قدروں جیسے اخوت و رواداری کو فروغ مل سکے۔ یہ الگ بات ہے کہ شوہروں کو اس سے مستثنیٰ قرار دیا گیا ہے۔ صرف مغربی ممالک کو یہ امتیاز حاصل ہے جہاں مائیک ٹائسن ہو یا دوسرے معروف و مشہور شخصیات، بیویوں نے شوہروں پر زنا بالجبر کے مقدمے دائر کئے ہیں اور شوہروں کو اس کی پاداش میں سزائیں بھی ملی ہیں!

اب سوال یہ اُٹھتا ہے کہ ہماری قوم کے نوجوان لڑکے اور لڑکیاں جو مغرب کے ہر نئے فیشن پر، کسی نئی ریلیز ہونے والی فلم کے پہلے دن کے پہلے شو کے ٹکٹ کی طرح حق جماتے ہیں، اُس معاشرے کی اتنی ''اعلیٰ قدروں'' کو اپنانے سے معذور کیوں رہتے ہیں؟ اس کی وجہ یہ ہے کہ مغربی معاشرے نے وہاں کے نوجوانوں کو جو سہولتیں فراہم کر رکھی ہیں، ہمارے نوجوانوں کو اُس سے یکسر محروم رکھا گیا ہے۔ ظاہر ہے اس تعصب اور عدم مساوات کی وجہ سے اُنہیں Level Playing Field مہیّا نہیں ہو پا رہا ہے جس کے سبب ان کی تصویریں اخباروں میں چھپتی تو ہیں لیکن چہرہ تولیہ یا گمچھا سے ڈھکا ہوتا ہے۔ اب آپ ہی بتائیے بھلا یہ بھی کوئی انصاف ہوا کہ یوروپین نوجوان تو کھلے عام کلبوں، پارکوں، ٹرینوں اور فٹ پاتھوں پر ایک دوسرے سے چمٹے بوس و کنار کرتے پھریں، یہاں تک Public Display of Affection کے تحت صدرِ مملکت یا ملک کے شہزادے اور اُن کی اہلیہ بھی بھرے مجمع میں اور ٹی وی کیمروں کے سامنے اپنی عشق بازی live telecast کریں اور ہمارے نوجوان وکٹوریہ میموریل کے احاطے کے کسی سنسان گوشے میں ایک دوسرے کا ہاتھ بھی تھام لیں تو خاکی وردی والے باراتی بغیر بینڈ باجے کے اُن کا بینڈ بجانے لگ جائیں!۔۔

ستم بالائے ستم یہ کہ ہر بار بے چارے عاشق کو موردِ الزام ٹھہرایا جاتا ہے جو چند ہفتوں یا مہینوں تک پولیس کو چکمہ دینے کے بعد جب بالآخر پکڑا جاتا ہے تو زیرِ لب یہ شعر گنگنانے کی بجائے زیرِ دندان یہ شعر کچکچاتا ہے ؎

سبھی کہتے ہیں کہ کر لیجئے نیچی نگاہ اپنی
کوئی ان سے نہیں کہتا نہ نکلو یوں عیاں ہو کر

اب انہیں کون سمجھائے کہ یہاں وہاں جہاں تہاں عیاں ہونا اُن کا ذاتی معاملہ اور بنیادی حق ہے۔جب دستورِ ہند نے انہیں مذہبی، تعلیمی اور لسانی آزادی دے رکھی ہے تو پھر ''لباسی آزادی'' بھلا کیسے چھین سکتی ہے۔آزادی کے بعد لباس نے ترقی بھی تو بہت کی ہے۔خصوصاً لڑکیوں کے لباس نے تو بہت سے ''اُتار چڑھاؤ'' دیکھے ہیں۔آستین جتنی اوپر چڑھتی گئی گلہ اتنا ہی نیچے اترتا گیا۔نوبت یہاں تک آ پہنچی کہ آستین اوپر چڑھتے چڑھتے نظروں سے اوجھل ہوگئی جب کہ نیچے اُترنے کی ہوڑ میں گلے کا ہار گلے سے ہار مان گیا کیوں کہ بَرا، بلاؤز اور ٹاپس آپسی اختلافات بھلا کر ایک ہوگئے تھے۔

شلوار، جمپر اور ڈوپٹہ کو نئی نسل نے طنزاً مگر حقیقت پسندی سے کام لیتے ہوئے بڑا دلچسپ نام دے رکھا ہے ____ ''بہن جی والی ڈریس''۔ ماڈرن لڑکیاں یہ لباس اس لئے زیبِ تن نہیں کرتیں کہ کہیں کالج میں کوئی منچلا اُنھیں ''بہن جی'' نہ کہہ دے۔لیکن یہی لڑکیاں جب کسی لڑکی کی حمایت میں انصاف کی مانگ کرتے ہوئے جلوس میں شامل ہوتی ہیں تو اُن کے ہاتھوں میں بڑے بڑے بینر چیختے ہوئے کہتے ہیں: 'راہ چلتی لڑکی کو اپنی بہن سمجھو'!

ظاہر ہے جب وہ خود ''سالی والی'' ڈریس میں ملبوس ہوں تو 'عقل مند کو اشارہ کافی ہوتا ہے' کے مصداق کوئی اُن پر ''آدھی گھر والی'' کا حق جتاتے جتاتے اگر ''پوری گھر والی'' بنانے کی کوشش کر بیٹھے تو اُس پر اُتنا ہی ترس آتا ہے جتنا اُس زیرِ علاج نشہ خور پر جس کے بیڈ کے سرہانے سیلائن کی بوتل کے ساتھ براؤن شوگر کا ایک پیکٹ لٹکا دیا جائے اور اُسے للکارا جائے کہ 'ثابت کر دو کہ تمہاری بیماری کا علاج خود تمہارے ہاتھ میں ہے'۔

ہم نے اسکول میں پڑھا تھا کہ کسی بھی ملک کی جغرافیائی حالت کا اس ملک کی تاریخ پر گہرا اثر پڑتا ہے۔ اس بیان کی صداقت کا اظہار الٹرا ماڈرن لڑکیوں کے لباس سے بھی ہوتا ہے جسے وہ پہنتی کم ، منڈھتی زیادہ ہیں۔جسم کے واضح نشیب وفراز پورے جغرافیائی ماحول کا نقشہ کھینچ کر رکھ دیتے ہیں جس کی بنیاد پر ہم ایک کلّیہ وضع کر سکتے ہیں: جینس جتنی ٹائٹ ہوگی، کیریکٹر اُتنا ہی لوز ہوگا۔

جدید طرز کے لباس پر تبصرہ نامکمل ہوگا اگر فیشن شوز کا ذکر نہ کیا جائے۔ ان شوز میں لچکتی مٹکتی ماڈلس جن لباسوں کو فروغ دینے کے لئے مظاہرہ کرتی ہیں، عام لڑکیاں تو دور، خود یہ ماڈلس حقیقی زندگی میں ایسے لباس کبھی زیبِ تن نہیں کرتیں۔ظاہر ہے یہ شو ایک قسم کا ''شو'' ہے جس کے پس پردہ بوالہوس اپنی آنکھیں سینکتے ہیں۔تب ہی تو اُن شوز کے انعقاد میں لاکھوں نہیں بلکہ کروڑوں روپے خرچ کئے جاتے ہیں۔

یہ فیشن شوز اور یہ حُسن کے عالمی مقابلے تو اپنے نام کے مطابق علی الاعلان اپنا کام کرتے ہیں۔لیکن ہمارے یہاں کے اکثر مشنری اسکولوں کا ''مشن'' ہماری سمجھ سے بالاتر ہے۔زیادہ تر انگلش میڈیم مشنری اسکولوں میں درجہ دوازدہم تک کی طالبات کو اسکول یونیفارم کے نام پر جانگیہ اور اسکرٹ پہن کر آنے پر مجبور کیا جاتا ہے۔جانگیہ اور اسکرٹ کی جگہ شلوار اور جمپر پہن کر اسکول آنے کے لئے پرنسل اور انتظامیہ سے خصوصی اجازت لینی پڑتی ہے جو زیادہ تر معاملوں میں ردّ کر دی جاتی ہے۔ اس کے برعکس، اگر کوئی طالب علم ہاف پینٹ پہن کر اسکول آنے کی جرأت کرے تو اس کی اس حرکت کو ''غیر مہذّب'' قرار دیتے ہوئے اسے سخت وارننگ کے ساتھ گارجین کال تک کا سامنا کرنا پڑتا ہے! یہ عجیب وغریب منطق ہمیشہ سے ہماری سمجھ سے بالاتر رہی ہے۔جنسی استحصال کا اس سے زیادہ refined طریقہ ہم نے اور کہیں نہیں دیکھا!

ہمارے مغربی ممالک کے این جی اوز اور دیگر سرکاری اور غیر سرکاری تنظیمیں آئے دن بڑے دلچسپ اور عجیب وغریب سروے کرتی رہتی ہیں۔ آج تک اُن تنظیموں میں سے کسی کو بھی یہ اہم

ترین سروے کرنے کی فکر نہیں ہوئی یا اُنہوں نے کبھی ضرورت محسوس نہیں کی کہ دنیا بھر میں جتنے بھی زنا بالجبر کی شکار عورتیں ہیں اُن میں سے کتنوں کا لباس، طرزِ حیات اور روزمرّہ کی زندگی کے طور طریقے کیا تھے! ظاہر ہے اُنہیں اچھی طرح معلوم ہے کہ اس قسم کے سروے کے نتیجے میں حاصل ہونے والے اعداد وشمار یا ڈیٹا سے اُن کی ''تہذیبی برتری'' کو سخت دھچکا پہنچے گا۔

آزادیٔ نسواں کے جھنڈے تلے عورتوں نے گھر کی چہار دیواری سے باہر نکل کر مَردوں کے شانہ بہ شانہ، اُن کے قدم سے قدم ملا کر زندگی کا سفر طے کیا ہے۔ اس حقیقت سے صرف وہی شخص انکار کرسکتا ہے جسے کسی نائٹ کلب کے ڈانس فلور پر جوڑوں کو ایک دوسرے سے بغل گیر ٹوئسٹ کرتے دیکھنے کا کبھی اتفاق نہیں ہوا۔ لیکن دلچسپ بات یہ ہے کہ یہ جوڑے نائٹ کلب کے اندر تو ''شانہ سے شانہ'' اور ''قدم سے قدم'' ملا کر زندگی کا بھرپور مزہ لیتے ہیں۔ لیکن نائٹ کلب کے باہر آتے ہی جوں ہی مرد اس ''میل ملاپ'' کو وسعت وفروغ دینے کی کوشش کرتا ہے تو اُسے سخت مزاحمت کا سامنا کرنا پڑتا ہے۔ حالانکہ مغربی ممالک میں نائٹ کلب سے نکلنے کے بعد اس میل جول کی تکمیل فلیٹ میں ہی ہوتی ہے جس کے بعد صبح کو دونوں اس طرح اپنے اپنے راستے لگ جاتے ہیں گویا وہ ایک دوسرے کو پہچانتے ہی نہ ہوں۔ نہ ہی وہ کبھی ایک دوسرے کو ''طوطا چشم'' اور ''موقع پرست'' جیسے خطابات سے نوازتے ہیں۔ لیکن ہمارے یہاں کی لڑکیاں ''تنگ پوش'' ہونے کے ساتھ ساتھ تنگ ذہن بھی ہوتی ہیں۔ یا پھر یہ بھی ہوسکتا ہے کہ جدیدیت کی دلدادہ ہونے کے باوجود اُنہیں اپنے اسلاف کی تلقین کا پاس ہو۔

بڑھاؤ نہ آپس میں ''ملّت'' زیادہ
مبادا کہ ہوجائے ''ذلّت'' زیادہ

وجہ چاہے جو بھی رہی ہو، مغرب کے تہذیبی معیار کے حساب سے ''پسماندہ'' کہلائے جانے کی ''ذلّت'' تو برداشت کرنی ہی پڑے گی۔

مغرب کتنی تیزی سے ترقی کر رہا ہے، اس کا اندازہ اس بات سے لگایئے کہ وہاں کی خواتین شادی سے پہلے ہی بچّے پیدا کرلیتی ہیں۔ اور ہم، سدا کے لیٹ لطیف، آج بھی شادی کے بعد بچّے پیدا کرنے کی صدیوں پرانی رسم پر عمل درآمد کئے جارہے ہیں۔ اتنا ہی نہیں، وہاں کی اکثر خواتین بچّے پیدا کرنے کے برسوں بعد بھی بچّوں کے باپ سے شادی نہیں کرتیں، نہ ہی اُن باپوں کو اپنے ''پاپوں'' کے نتیجے میں پیدا ہونے والے بچّوں کی کوئی فکر ہوتی ہے، اور ایک ہم ہیں، طلاق ہونے کے بعد بھی بچّوں کی چھینا جھپٹی میں برسوں عدالت میں ایک دوسرے سے پنجہ لڑاتے ہیں۔

معاشرے میں تیزی سے بڑھتے ہوئے جنسی واقعات کے لئے صرف صنفِ نازک کے لباس پر کیچڑ اُچھالنا مناسب نہیں ہے۔ ویسے بھی یہ کیچڑ اُن کے لباس پر کم، بدن پر زیادہ پڑے گا۔ لباس پر تو صرف کچھ چھینٹے آئیں گے! ہماری ہندی فلمیں اس رجحان کی کتنی ذمہ دار ہیں، اس کا اندازہ آپ فلموں میں زنا بالجبر کی عکاسی میں بتدریج ہونے والی تبدیلی سے بخوبی لگا سکتے ہیں۔

ہمیں آج بھی یاد ہے ستّر اسّی کی دہائی میں بننے والی امیتابھ بچن کی فلم ''عدالت'' میں پردے پر صرف ایک کھلی تجوری اور اس سے جھانکتی نوٹوں کی گڈّیاں دِکھائی گئیں۔ کی شکار عورت کی صرف چیخیں سُنا کر سب کچھ ناظرین کے تصور پر چھوڑ دیا گیا تھا۔ اس کے بعد کی دہائی میں بننے والی فلموں میں اس گھناؤنی حرکت کی منظرکشی میں ''گراوٹ'' آئی جس کے دوران اس جرم کی شکار لڑکی کے کپڑے بیڈ سے نیچے فرش پر ''گرتے'' دِکھائی گئے، اور اس طرح فلم بینوں کے تصور کو گدگدانے کی کوشش کی گئی۔ آزاد خیالی کی طرف گامزن، ترقی کی اس ''سُست رفتاری'' سے غیر مطمئن، ہمارے ہدایت کاروں نے رنگ بدلے اور پردۂ سیمیں پر یہ مخصوص سین رنگ بدل کر یعنی نیگیٹیو کلرس میں دِکھائے جانے لگے۔ تہذیب میں مزید فروغ نے ''اصلی رنگ'' دِکھانا شروع کر

دیا اور عصمت کی حفاظت میں جدّ و جہد کرتی عورت کے برہنہ جسم کو دِکھا کر سماجی برائیوں کو ''اُجاگر'' کرنے کی کوشش کی گئی، اور اس طرح ''حقیقت پسندی'' کا دعویٰ کرتے ہوئے ناظرین کے لذّت آمیز اشتیاق میں مزید اضافہ کیا گیا۔ اکیسویں صدی کی فلموں نے تو پردے پر تمام پردے چاک کرڈالے اور، لائٹ اور شیڈ کے جھماکوں کے درمیان وہ ''دھماکے'' دِکھانے لگے کہ ناظرین کی آنکھیں ''پھٹی کی پھٹی'' رہ گئیں اور وہ پلکیں جھپکانا بھول گئے! بوس وکنار کی تو بات ہی مت پوچھئے اُن کی اہمیت چیونگم سے زیادہ نہیں رہ گئی۔

اب ذرا غور فرمایئے، ہمارے نوجوان ذہنی، نفسیاتی، اور ان سب سے بڑھ کر ''باصری''، اعتبار سے کتنے زیادہ اور کتنے قوی داخلی وخارجی عوامل سے نبرد آزما ہیں۔ پرانے وقتوں میں یہ صرف نگاہوں کے تیر سے زخمی ہوتے تھے۔ آج کا لباس سرتاپاAK-47 کی طرح بیک وقت کئی گولیوں کی بوچھاڑ کر کے صرف اُن کا دل ہی نہیں بلکہ پورے جسم کو ''چھلنی'' کر دیتا ہے۔ تب ہی تو ضمانت ملنے سے پہلے تک ان کی زبان پر ایک ہی شعر ہوتا ہے ۔

ہم ''واہ'' بھی ''کہتے'' ہیں تو ہو جاتے ہیں بدنام
وہ قتل بھی کرتے ہیں تو چرچا نہیں ہوتا

''ریپ راجدھانیوں'' دہلی اور کولکاتا کو آج کل جس طرح ''جنسی دہشت گردی'' نے اپنی لپیٹ میں لے رکھا ہے، اس سے اب یہ انتہائی ضروری ہو گیا ہے کہ ریپڈ ایکشن فورس کے طرز پر ایک اور ریف (Rapist Action Force) کی بھی تشکیل عمل میں آئے۔ بلکہ ضرورت پڑے تو اے۔ ٹی۔ ایس کی طرح اے۔ ایم۔ ایس (Anti-Molestation Squad) بھی بنائے جائیں جو اس جرم کو ''دوسرے مرحلے'' پر پہنچنے ہی نہ دیں جہاں سے تیسرے سنگین مرحلے ''میڈیکل ٹسٹ'' تک پہنچنے کی نوبت آ جاتی ہے۔ لیکن جس طرح عام پولیس اپنی کامیابی کے لئے عوام کا تعاون چاہتی ہے، اُسی طرح اِس خصوصی دَستے کو بھی اپنی کامیابی کے لئے سماج کے ''خصوصی طبقے'' کے تعاون کی ضرورت پڑے گی۔ یہ طبقہ اگر گھر سے نکلنے سے پہلے بذریعہ ایس ایم ایس اور ایم ایم ایس ان حفاظتی دستوں کو پیشگی یہ اطلاع فراہم کردے کہ وہ کس ڈریس میں نکل رہا ہے اور اُس کا رُخ کس نائٹ کلب کی طرف ہے تو ہمیں یقین ہے یہ دستے ان کی حفاظت اتنی ہی مہارت اور کامیابی سے کر پائیں گے جس طرح ہماری حکومت سوئزر لینڈ کے بینکوں میں جمع ہمارے سیاسی رہنماؤں اور تاجروں کے کالے دھن کی کرتی ہے!۔۔

jawednh@gmail.com

☆

علی الدین صدیقی
اورنگ آباد.

چھکّے

چھکّے کئی قسم کے ہوتے ہیں ایک چھکاّ تو کرکٹ کا ہوتا ہے جسے انگریزی میں سکسر (Sixer) کہتے ہیں۔ دوسرا چھکا وہ ہے جو ادھر ہوتا ہے نہ اُدھر (میرا خیال ہے اس کی وضاحت ضروری نہیں) اس کے علاوہ چار چھکے تاش کے ہوتے ہیں۔ یہی اس وقت میرا موضوع ہے۔ پچھلے دنوں پروفیسر وحیدالدین سلیم کی کتاب ''افادات سلیم'' زیرمطالعہ تھی۔ اس کتاب میں اُردو زبان کے مختلف محاوروں اور اصطلاحوں کے وجود میں آنے کا ذکر تھا۔ مثلاً بھیگی بلی بتانا، ایک محاورہ ہے جس کا مطلب ہے اپنے آپ کو مسکین اور معصوم ہونے کا تاثر دینا ہے۔ اول الذکر محاورہ اس طرح بنا کہ ایک شخص اپنے ملازم سے پوشیدہ کوئی کام کرنا چاہتا تھا۔ اس لئے اُسے وہاں سے ہٹانے کے لئے اس نے ملازم کو مختلف کام بتائے لیکن ملازم وہاں سے ہٹنا نہیں چاہتا تھا اور کوئی نہ کوئی بہانہ کرکے وہاں موجود رہتا۔ آخر جھنجھلا کر اُس نے ملازم سے کہا باہر جاکر دیکھ آؤ کہ پانی آرہا ہے یا نہیں؟ ملازم نے وہیں رہ کر جواب دیا ''آرہا ہے'' کیسے معلوم کہ آرہا ہے جب کہ تم کمرے میں موجود ہو؟ اُس کا جواب ملازم نے دیا کہ ابھی باہر سے ایک بلی آئی جو بھیگی ہوئی تھی۔ اس سے اخذ کیا کہ باہر بارش ہورہی ہے۔ اس طرح سے ''بھیگی بلی بتانا'' محاورہ بن گیا۔

ہم سے کسی نے پوچھا ''چھکے چھڑانا'' محاورہ کیسے بنا؟

ہم نے جواب دیا تحقیق کرکے جواب دیں گے۔ سب سے پہلے ذہن نے تاش کے کھیل کی طرف قلا بازی کھائی۔ کسی بھی خیال کے اظہار میں ہر شخص کے اپنے مخصوص رجحانات ضرور کارفرما ہوتے ہیں۔ چنانچہ کہا جاتا ہے کہ جب ایک روح فرسا خبر ایک چڑی مار کو سنائی گئی تو اس نے فوراً کہا کہ یہ خبر سُن کر ''میرے ہاتھوں کے طوطے اُڑ گئے''۔

جب ایسی ہی خبر ایک کسان کو سنائی گئی تو اس نے کہا کہ میرے پیروں تلے سے زمین نکل گئی۔ جب ایک قصائی کو سنائی گئی تو اُس نے کہا ''میرا کلیجہ منہ کو آگیا''۔ ایک لوہار کو سنائی گئی تو اُس نے کہا ''میری سانس دھونکنی کی طرح چلنے لگی۔ ایک کاہل کو سنائی گئی تو کہا کہ ''میرا دل بیٹھ گیا''۔ ایک بزدل کو سنائی تو کہا ''میرے اوسان خطا ہوگئے'' اس لئے تاش کے کھیل سے دلچسپی کی وجہ سے میرا ایسا سوچنا کوئی غیر فطری بات نہیں ہے۔

ہاں تو صاحب! ہم آپ کو اپنی تحقیق کا نتیجہ بتانے جارہے تھے۔ یہ کہ مرزا غالب ایک مرتبہ اپنے دوستوں کے ساتھ جوا کھیل رہے تھے۔ مرزا کے پاس تین اکّے تھے اور اُن کے ایک دوست کے پاس تین چھکے تھے۔ تین چھکے بہت بڑا گیم ہوتا ہے اور تین اکّے تو سب سے بڑا گیم ہے۔ دونوں خوب چالیں چلتے رہے۔ آخر تھک کر مرزا کے دوست نے شو (Show) کروایا اور تین چھکوں پر گیم ہار دیا تو مرزا نے خوش ہوکر کہا ''میں نے تمہارے ''چھکے چھڑا دیئے'' اس طرح سے چھکے چھڑانے کا محاورہ وجود میں آیا۔

تاش کا کھیل بچوں جوانوں اور بوڑھوں میں یکساں طور پر مقبول ہے۔ بعض لوگ اسے نحوست قرار دیتے ہیں جبکہ پڑھے لکھے اور ترقی پسند گھرانوں کے افراد کے نزدیک یہ وقت گزارنے کا ایک بہترین مشغلہ ہے۔ جو لوگ اسے معیوب سمجھتے ہیں اُنھیں آپ دقیانوسی خیالات کے اور Uncultured کہہ سکتے ہیں۔

ایسے لوگوں نے شائد اپنی قومی تاریخ کا مطالعہ نہیں کیا ہے۔ اسلاف نے جوے میں سلطنتیں تک ہار دی ہیں۔ چنانچہ اسی روایت کی پیروی میں لوگ مختلف تہواروں اور خوشی کے موقع پر تاش کے پتوں کے ذریعہ جوا ضرور کھیلتے ہیں۔ معمر اور سنجیدہ قسم کے لوگ رمی کھیلنا پسند کرتے ہیں جب کہ طالب علم اور نوجوان طبقہ جو ایڈونچر کا شائق ہوتا ہے فلش یا تھری کارڈز کھیل کر دل بہلاتا ہے۔ فلموں میں ویلن یا ہیرو کو بھی یہ کھیل کھیلتا ہوا دکھایا جاتا ہے۔ چنانچہ فلم ''گیمبلر'' اور ''نہلے پہ دہلہ'' دیکھ کر جتنا ہم محظوظ ہوئے ہیں شائد ہی کوئی فلم بین اتنا لطف اُٹھا سکا ہو۔ ان فلموں میں تاش کھیلنے کی جو نت نئی ترکیبیں دکھائی جاتی ہیں وہ کبھی ہماری سمجھ میں نہیں آئیں مثلاً ایک فلم میں ہیرو دھرمیندر پتے بانٹتے وقت ویلن کو تین غلام دیتا ہے۔ اور خود تین بادشاہ لے لیتا ہے۔ ہم نے طے کیا ہے کہ پہلی فرصت میں بمبئی جاکر دھرمیندر سے پتے تقسیم کرنے کا یہ گُر حاصل کر کے رہیں گے۔ پھر ہمیں ملازمت کرنے کی ضرورت باقی نہیں رہ جائے گی۔

اپنے طالب علمی کے دور میں جتنے دنوں ہاسٹل میں قیام رہا، ہمارا اور ہمارے ساتھیوں کا والدین سے فیس اور کتابوں کے لئے پیسے منگوا کر اس شوق کی نذر کرنا محبوب ترین مشغلہ تھا۔ آدمی ہر چیز سے اُکتا سکتا ہے، لیکن تاش کے کھیل سے نہیں۔ ہارنے والا اپنی ہاری ہوئی رقم واپس حاصل کرنے کے لئے اور جیتنے والے مزید جیتنے کی دھن میں مسلسل کھیلتے ہیں۔ پہلے زمانے میں مشاعرے اور ادبی نشستیں ہوا کرتی تھیں۔ اب اس کی جگہ تاش کی محفلوں نے لے لی ہے۔ چنانچہ کالجوں اور یونیورسٹی کے پروفیسر اور عہدہ دار قسم کے لوگ پابندی سے ایسی نشستیں منعقد کرتے اور دانشور کہلاتے ہیں۔

پچھلے دنوں ایک رسالہ کا کارٹون دیکھنے میں آیا۔ ایک قبر کی تصویر تھی جس پر چار اکے لگے ہوئے تھے اور نیچے درج تھا ''یہ اس شہر کے سب سے بڑے اور مشہور جوے باز کی قبر ہے''۔ اس کارٹون کا ہماری تاش کی محفلوں میں کافی چرچا ہوا اور کارٹونسٹ کی کم علمی پر افسوس ہوا۔ اس کے اظہار کے لئے قبر کے کتبے پر صرف (Speak) اسپیک کے اکے کا نشان کافی تھا۔ اس کارٹون کو دیکھ کر ہمارے ساتھیوں کے دل میں بھی خیال پیدا ہوا کہ وہ اپنی قبروں پر اس قسم کے نشان اپنی پسند کے مطابق کندہ کرنے کی وصیت کر جائیں گے۔ چاوش کا نشان Speak کا اکاّ ، خان صاحب کا نشان تین دو پانچ اور نقوی کا دوائے ہوگا۔

ہمارے احباب میں ''ل'' اور ''ی'' دو حضرات ایسے بھی ہیں جو اپنی وزارت داخلہ کے زیر اثر ہیں۔ جتنے یہ لوگ ''سیدھے'' ان کی نصف بہترین اتنی ''الٹی''۔ ''ر'' نے ایک مہینہ ہم سے کچھ نقد رقم قرض حسنہ کے طور پر حاصل کی۔ رقم لوٹاتے وقت اُن کی بیوی نے دیکھا تو سمجھا کہ ہم نے اُن کے شوہر نامدار کو لوٹ لیا۔ بس کیا تھا الٹی میٹم دیا گیا کہ یا تو تاش بند یا پھر اُن کا استعفیٰ۔ موصوف نے گھٹنے ٹیک دیئے اور فرسٹ کلاس تاش سے ریٹائر ہونے کا اعلان کر دیا۔ کبھی چوری سے تاش کھیل لیتے ہیں لیکن بیوی کو معلوم ہونے پر بوکھلاہٹ میں ان سے جو حرکتیں سرزد ہوتی ہیں وہ دیکھنے سے تعلق رکھتی ہیں۔

تاش کی جتنی خوبیاں بیان کی جائیں کم ہیں۔ نظم و نسق ضابطوں کی پابندی اور ایمانداری اس کھیل کا اولین اُصول ہے۔ تاش کھیلنے والوں میں جو خلوص یگانگت اور بھائی چارہ پایا جاتا ہے اس کے پیش نظر ہمارا خیال ہے کہ تمام قومی یکجہتی کمیٹیوں کے ارکان مختلف فرقوں اور مختلف مکتب خیال کے لوگوں کو آپس میں تاش کھیلنے کی ترغیب دی جائے تو قوم کا مستقبل سنورنے کے امکانات روشن ہوسکتے ہیں۔۔

☆......○......☆

ہاشم الصادق
بھوپال

ادبی عارضہ

ہمارے دوست آصف بیگ نے عجیب طبیعت پائی ہے ۔ اوروں کو ستانا اُن کا سب سے محبوب مشغلہ ہے۔ اسی شغلِ ناہنجار میں کسی ستائے ہوئے کی آہ اثر کر گئی اور اُنہیں مشاعرہ سننے کا عارضہ ہوگیا۔ مرض میں مزید پیچیدگی یہ پیدا ہوئی کہ بغیر کسی ساتھی کے مشاعرہ سننے سے سخت پرہیز کرنے لگے۔ نتیجہ یہ ہوا کہ تمام احباب ان سے فاصلے پر رہنے لگے۔۔

ہمارا پیشہ ہی کاغذوں کو سیاہ کرنا ہے اس لیے اِس وقت بھی ہم نوکِ قلم سے کاغذ کا سینہ سیاہ کررہے تھے۔ کچھ تھکاوٹ کا احساس ہوا تو سوچا نکڑ کے چائے کے شکستہ ہوٹل میں جا کر کچھ ذہنی تقویت حاصل کی جائے۔ رات کے نو بجے ہوٹل اپنے شباب پر تھا۔ کچھ بوڑھے اپنے بجھے ہوئے چہروں کے ساتھ وہاں موجود تھے۔ زیادہ تعداد اُن نوجوانوں کی تھی جو وقت گذاری کے لیے ایسے مقامات کا استعمال کرتے ہیں اور گھنٹوں گزار دیتے ہیں۔ بمشکل ہم چائے کی پیالی حاصل کرنے میں کامیاب ہوئے ہی تھے کہ ہماری شامت کا بگل بج گیا۔ بالکل ہماری پشت سے آصف بیگ کی پاٹ دار آواز آئی۔

'' بھئی حلیم خوب ملے''

ہم اس تخاطب سے اس قدر خوفزدہ ہوئے کہ پیالی ہاتھ سے چھوٹتے چھوٹتے بچی۔ طوعاً و کرہاً ہم نے خوش مزاجی کا مظاہرہ کرتے ہوئے کہا۔

''ارے آصف بھائی آپ''۔

'' بھئی میں پھوٹے مقبرہ جارہا ہوں۔ وہاں آج ایک اہم مشاعرہ ہے۔ اکیلا تھا اچھا ہوا تم مل گئے۔''

یہ سن کر ہمیں چائے حلق سے اتارنا دوبھر ہوگیا۔ ہم نے بڑی متانت سے کہا

''میں بہت مصروف ہوں پھر کبھی آپ کے ساتھ چلوں گا''۔

'' مصروف تو انسان ساری زندگی رہتا ہے۔ مگر کچھ خاص موقعوں پر وقت نکالنا پڑتا ہے''۔

اب ہم انہیں کیسے بتاتے کہ آپ وقت نکالنے کی بات کررہے ہیں اور آپ کو دیکھ کر ہماری جان نکل رہی ہے۔ مگر آصف بیگ سے جان چھڑانا آسان نہیں تھا۔ وہ پوری طرح ہمیں نرغہ میں لے چکے تھے لہٰذا اپنی شامت اعمال میں ان کے ساتھ جانا پڑا۔

مشاعرہ گاہ پہونچے تو سامنے اسٹیج نظر آیا۔ اُس پر کچھ لوگ بڑے کرّ وفر کے ساتھ بیٹھے ہوئے تھے۔ نابرابری کا نقشہ وہاں بھی موجود تھا۔ کچھ لوگ اگلی صف میں گاؤتکیوں سے ٹکے بیٹھے تھے ، باقی پیچھے ہر قسم کے سہارے سے عاری بیٹھے تھے۔ اس نامعاشرتی ناانصافی پر ہمارا خون کھول گیا۔ ہم نے آصف بیگ سے جھلائے ہوئے انداز میں کہا

'' آصف بھائی یہ کیا تماشہ ہے؟ کچھ لوگ گاؤتکیوں سے ٹکے ٹانگیں پسارے بیٹھے ہیں اور باقی گھٹنے سے پیٹ لگائے ہوئے ہیں۔ یہ تو سخت ناانصافی ہے۔''

آصف بیگ نے ہمیں سمجھایا۔

''جو گاؤتکیہ سے ٹکے بیٹھے ہیں وہ استاد شعرا ہیں''۔

'' اور باقی کیا نالائق شاگرد ہیں یا میدانِ ادب کے گھس پٹے؟''

'' دوسرے بھی شاعر ہیں مگر دوسرے درجے کے''۔

'' درجہ بندی نے تو پورے معاشرتی نظام کی چولیں ہلا دی ہیں اور اب مشاعرہ بھی درجہ بندی کا شکار ہوگیا۔ یہ تو کوئی نیک فال نہیں ہے''۔

'' ارے بھئی بحث چھوڑو۔ دیکھو مشاعرہ کا آغاز ہو رہا ہے۔''

ہم نے دیکھا تو اسٹیج پر مائک کے پاس ایک شخص موجود تھا جو مشرق و مغرب کے امتزاج کا نادر نمونہ تھا۔ اس نے بہترین امریکی جینس پر لمبا کھادی کا کرتہ پہنا تھا۔ اُس پر طرفہ تماشہ یہ کہ اتنے لمبے کرتے پر ایک اونٹگی جیکٹ بھی زیب تن کر لی تھی ۔ ہم نے آصف بھائی سے پوچھا۔

'' آپ کی تعریف؟''

'' ناظم مشاعرہ ہیں''۔ آصف بھائی نے جواب دیا۔

ہم نے دل میں سوچا اچھا ہوا انہیں مشاعرہ کی نظامت ملی اگر ایسی کراس بریڈ کو ریاست کی نظامت مل گئی ہوتی تو کل باشندوں کو دو کشتیوں پر سوار کر کے ریاست کا بیڑہ غرق کر دیتا۔ ناظم مشاعرہ نے گل افشانی کی۔

'' مشاعرہ کا باضابطہ آغاز صدرِ مشاعرہ کے بغیر ممکن نہیں ہے۔ لہٰذا میں بے سود درد صاحب کا نام صدارت کے لیے پیش کرتا ہوں۔

تکیہ سے ٹکے ایک شخص نے تکبرانہ عاجزی کے ساتھ منع کیا، مگر اُس کے لہجہ میں عہدے کی چاہت کا عنصر بدرجہ اتم موجود تھا۔ ایک دوسرے شاعر نے اُٹھ کر نام کی تائید کی۔ وہ عہدۂ صدارت پر فائز ہو گئے۔ مگر ان کی شخصیت میں ایک عجیب تبدیلی رونما ہوئی۔ پہلے وہ ہنس ہنس کر دوسروں سے باتیں کر رہے تھے، صدارت کے عہدے پر فائز ہوتے ہی کڑک مرغی کی طرح پھول کر بیٹھ گئے۔ ایسے صدر مشاعرہ کی ضعیفی وصحت کو دیکھ کر ہم یہ سوچ رہے تھے کہ کہیں یہ مشاعرہ ان کی زندگی کا آخری مشاعرہ نہ ہو۔

ناظم مشاعرہ نے اعلان فرمایا۔ صدر محترم کی اجازت سے باضابطہ طور پر مشاعرے کی کارروائی کا آغاز کیا جاتا ہے۔ میں یہ عرض کرنا چاہتا ہوں کہ یہ مشاعرہ سرزمین بھوپال میں منعقد ہو رہا ہے اور شہر بھوپال دبستانِ ادب ہے، یہاں کے سامعین کا اعلیٰ ذوق ضرب المثل ہے۔ ہم نے آصف بھائی سے دریافت کیا۔

'' یہ دبستان کیا ہوتا ہے؟''

انہوں نے کسی فلسفی کی طرح سوچتے ہوئے جواب دیا۔

'' میرے خیال میں قبرستان کے علاوہ تمام خطہ زمین کو دبستان کہتے ہیں۔ کیونکہ مشاعرہ چاہے شہر میں ہو یا جس مقام پر ہو یہ جملہ ضرور کہا جاتا ہے، بس مقام کے لحاظ سے نام تبدیل کر دیا جاتا ہے''۔

ناظم مشاعرہ گل افشانی فرما رہے تھے۔

اب میں آپ کی سمع خراشی کے لیے نایاب منظر کو دعوتِ سخن دیتا ہوں تا کہ وہ اپنے کلام سے مشاعرہ کا آغاز کریں۔

ہم پھر آصف بھائی سے پوچھ بیٹھے۔

'' یہ سمع خراشی کیا ہوتی ہے؟''

انہوں نے جھلا کر جواب دیا'' یار تم یہاں اردو سیکھنے آئے ہو یا مشاعرہ سننے۔ خاموشی سے سنو اور مجھے بھی سننے دو''۔

ہم خاموش ہو گئے۔ نایاب منظر نے بہت باوقار لہجے میں کہا۔'' اپنے خیالات کو اشعار میں ڈھالنے کی کوشش کی۔ زہے نصیب گر قبول افتد۔ عرض کیا ہے۔

یہ محفل ہے یہاں پر کون روکے گا زباں میری
تمہیں دل کھول کر سننا پڑے گی داستاں میری

منظر کا مطلع سن کر نہ صرف ہم پھڑک گئے بلکہ پورے مجمع نے اُسے دل کھول کر داد دی۔ وہ کلام سناتا رہا اور اُس پر مجمع داد و تحسین کی بارش کرتا رہا۔ مگر اسٹیج سے اسی طرح کبھی واہ کی آواز آجاتی تھی جیسے سوئے ہوئے انسانوں کے پاس سے خراٹے کی آواز سنائی دیتی ہے۔ صدر محترم تو منظر کی جانب دیکھنا بھی کسرِ شان سمجھ رہے تھے۔ ہم سے نہ رہا گیا پھر پوچھ بیٹھے۔

'' آصف بھائی اتنے اچھے کلام پر اسٹیج کے شعرا داد کیوں نہیں دے رہے ہیں؟''

'' یہ نومولود شاعر ہے اس کا ابھی کوئی گروپ نہیں ہے۔ اس لئے''۔

ہم نے سوچا کہ گروپ بندی کی وبا شعر وادب تک پہونچ گئی ہے۔ اپنے گروپ کے شاعر کو داد سے نوازا جاتا ہے، چاہے وہ

کیسا ہی بھونڈا شاعر کیوں نہ ہو۔ اور دوسرے گروپ کے شاعر کو گھانس ڈالنا بھی گناہ عظیم تصور کیا جاتا ہے چاہے وہ کتنا ہی بہتر کلام کیوں نہ پڑھے۔ بہرحال مشاعرہ شعراؑ کے کندھوں پر اپنا سفر طے کرتا رہا۔ عجیب وغریب ہیئت وحلیہ کے شعرا آتے جاتے رہے۔ مگر صدرِ محترم کے لب سلے رہے۔ ہمیں خدشہ ہوا کہ کہیں ان کی قوت سماعت ہی فوت نہ ہوگئی ہو۔ اس عمر میں کسی وقت کچھ بھی ہوسکتا ہے۔

جب ہم نے اس خدشہ کا اظہار آصف بھائی سے کیا تو وہ ہنس پڑے اور فرمانے لگے کہ صدر مشاعرہ کو اپنی علمی دھاک بٹھانے کے لیے لازم ہوتا ہے کہ وہ مکمل حالتِ سکوت میں رہ کر یہ ثابت کرے کہ تمام شعراؑ کے کلام کا قد اس کے معیار کلام سے کم ہے۔

رات کا ایک بج چکا تھا۔ اب استاد شعراؑ کا دور شروع ہوا۔ مگر ہمیں اُن کے کلام میں کہیں بھی ایسا کچھ نظر نہیں آیا جس کو استادی کی سند تسلیم کیا جائے مگر اس دور میں یہ تبدیلی ضرور رونما ہوئی کہ صدر مشاعرہ کے منہ سے اس طرح کبھی ''واہ'' کی جو آواز نکل جاتی تھی جیسے کسی زخمی کے منہ سے کبھی کبھی آہ نکلتی ہے۔ آخری استاد شاعر جو تشریف لائے ان کے بارے میں تو پورے وثوق سے یہ کہا جاسکتا تھا کہ وہ دوا سے چلتے اور ہوا سے ہلتے ہیں۔ ان کی ناک پر موٹے فریم کا چشمہ پھنسا ہوا تھا۔ کبھی وہ چشمے کو سنبھالتے، کبھی کاغذ کو جو اُن کے ہاتھوں میں لرزہ براندام تھا۔ دو بج کر دس منٹ پر صدر مشاعرہ کی باری آئی۔ ناظم مشاعرہ نے اُن کی تعریف وتوصیف میں زمین آسماں ایک کردیئے اور عجیب و غریب انداز میں اُن کے کلام پر تبصرہ کیا:

''بےسود دردؔ صاحب کا اپنا ایک منفرد انداز ہے جس نے اُن کو ممتاز کردیا ہے۔ دردؔ صاحب کے کلام کی سب سے بڑی خصوصیت یہ ہے کہ وہ حیوان مطلق کے پیرایہ میں حیوان ناطق کے جذبات کی عکاسی جس انداز میں کرتے ہیں وہ اُردو ادب میں کمیاب ہے۔ ان کے کلام کے اسی وصف کی بنیاد پر انہیں گذشتہ مہینہ ''ون بہار'' کے ایک اعلیٰ اعزاز سے نوازا گیا ہے۔ وزارتِ تحفظ حیوانات بھی انہیں ایک اعلیٰ اعزاز سے نوازنے پر غور کررہی ہے۔ محکمہ پرورش حیوان مطلق نے تو دردؔ کو کئی بار شال، شری پھل اور دیگر اعزازات سے نوازا ہے۔ جیسا کہ آپ جانتے ہیں دردؔ صاحب کے کلام کے تین مجموعے منظرِ عام پر آچکے ہیں۔ تازہ مجموعہ ''بےخود شیرنی'' اگلے ماہ منظرعام پر آجائے گا۔ لہٰذا میں انتہائی ادب کے ساتھ محترم استاد شاعر بےسود دردؔ صاحب سے دست بستہ گزارش کرتا ہوں کہ وہ اپنے کلام سے سامعینِ کرام کونوازیں۔''

ناظم مشاعرہ نے ہمارے اشتیاق کو بامِ عروج پر پہونچا دیا۔

بچے کھچے سامعین کرام نے تالیوں سے ان کا استقبال کیا۔ وہ اس ٹھتے کے ساتھ مائک پر تشریف لائے گویا وہ ازراہِ سخاوت جہلاء کرام کو اپنے کلام سے نوازنے کا ناخوش گوار کردار انجام دے رہے ہیں۔ انہوں نے مائک پر آتے ہی ایک طائرانہ نظر مجمع پر ڈالی، پھر اسٹیج پر۔ اور یوں لب کشا ہوئے۔'' پہلے میں ایک قطعہ عرض کرتا ہوں''۔

اسٹیج کے تمام شعراؑ کرام نے یک زباں ہوکر ہانک لگائی ''عطا ہو''۔

دیکھئے عرض کیا ہے۔

لٹو کئی ہوگئے ہیں اُس کا مسکرانا دیکھ کر\
بھیڑ میں حیواں کی خر کا ہنہنانا دیکھ کر\
خوشبوئے نسواں نے اُن کو مست ایسا کردیا\
خر اڑگئے ہیں اب گدھی کا آستانہ دیکھ کر

قطعہ کے ہر مصرع پر اسٹیج سے داد کی موسلا دھار بارش ہورہی تھی اور ہم اپنا سر پیٹ رہے تھے۔ مجمع خاموش تھا۔ شاید سکتہ طاری ہوگیا تھا۔ ناظم مشاعرہ تاڑ گئے۔ انہوں نے فوراً ٹکڑہ لگایا اور مجمع سے مخاطب ہوکر فرمایا۔ آپ اپنے اعلیٰ ذوقِ سماعت کا ثبوت پیش کریں اور دردؔ صاحب کے کلام پر دل کھول کر داد دیں۔

صدر مشاعرہ نے فرمایا۔ اب میں خالص زبان کا شعر پیش کرتا ہوں۔ دیکھئے عرض کیا ہے۔

پونچھ ہے گھوڑے کی یا ہے زلفِ یار
دیکھ کر آیا ہے جس کو پھر بخار

ہم نے آصف بھائی سے کہا

''شاید ان کا بخار دماغ پہ چڑھ گیا''

آصف بھائی نے ہمیں سمجھایا۔

'' بے وقوف ! یہ بخار کی اصطلاح محبت کے بخار کے لیے استعمال کی گئی ہے۔'' ہم نے سر پکڑ لیا۔ اب ہماری قوت برداشت جواب دینے لگی تھی۔ ہم نے آصف بھائی سے کہا۔

''چلیے آصف بھائی۔ بہت رات ہوگئی۔ صدر مشاعرہ کا کلام سن کر تو آنکھوں کے سامنے اندھیرا چھا گیا۔''

آصف بھائی ٹس سے مس نہ ہوئے۔ بے سود دردؔ صاحب کی ایک طویل غزل زہر مار کرنا پڑی۔ خدا خدا کر کے مشاعرہ اختتام پذیر ہوا۔ مشاعرہ گاہ سے چلتے وقت ہم نے آصف بھائی سے کہہ ہی دیا۔

'' اگر صدر مشاعرہ کچھ دن اُس پہلے شاعر کے جوتے سیدھے کریں جس نے مشاعرہ کا آغاز کیا تھا تو ہوسکتا ہے کہ ان کا کلام کچھ معیاری ہو جائے''۔ آصف صاحب نے تشریح کی۔

'' صدارت حاصل کرنے کے لیے صرف کلام ہی کافی نہیں ہوتا۔ اپنا مضبوط اور وسیع گروپ بنانا پڑتا ہے۔ مشاعرہ کا انعقاد کرنے والے جاہلِ مطلق سرمایہ داروں کو شیشی میں اتارنا پڑتا ہے۔ مشاعرے میں مدعو شعرا کی فہرست بنانے کی طاقت پیدا کرنا پڑتی ہے تب جا کر حاصل ہوتا ہے صدر مشاعرہ کا عہدہ''۔

ہم نے اپنے ذہن کو ایک جھٹکا دے کر ادب کے اس مکڑ جال سے اُسے آزاد کیا اور جیسے آئے تھے ویسے ہی واپس چل دیئے۔

Hashemussadique@gmail.com

☆......○......☆

عامر مجیبی
علی گڑھ

'نل' ہائے رنگا رنگ سے ہے زینت وطن

یوں تو نلوں کو پانی مہیا کرنے کے لیے بنایا گیا ہے اور یقیناً وہ اپنی اس بے لوث خدمت کو بلا چوں چرا بحسن و خوبی انجام دیتے دیکھے گئے ہیں ۔ بظاہر یہ نہایت شریف اور معصوم عن الخطا معلوم ہوتے ہیں، بلکہ درحقیقت ہوتے بھی ہیں لیکن کبھی ان کے بنانے والے یا کچھ نا اہل استعمال کرنے والے ان کی ایسی درگت بنا دیتے ہیں کہ بس اللہ کی پناہ !...... دراصل بگاڑ خود ان کی ذات میں نہیں ہوتا، کرتے سب یہ حضرت انسان ہی ہیں، عبث اس بے زبان کو بدنام کرتے ہیں ۔

خدا معاف کرے اس انسان کو! اس نے رنگ و نسل، اعلیٰ و ادنیٰ، یہاں تک کہ گورے اور کالے کا امتیاز محض اپنی ذات تک محدود نہیں رکھا بلکہ اس نامعقول لڑائی میں اس بے زبان بلکہ بے دہن و کام مخلوق کو بھی شامل کرلیا ۔ آپ ہی بتائیے، یہ مختلف رنگ و نسل کے 'نل' بنانے کی کیا ضرورت پیش آئی ؟ ایک لانبا حبشی جیسا بنا دیا جو اپنی غیر معمولی طوالت کا بوجھ لادے لادے رکوع کی شکل میں جھک گیا، گویا شتر مرغ کی گردن ۔ اور کچھ تو اس قدر کوتاہ قامت کہ ان کے پست وجود پر مکمل ہنسی بھی نہیں آ پاتی ۔ انسانی حقوق کے ادارے کو باخبر کرنا چاہئے کہ ایسے 'نل' بنانے والی کمپنیوں کے لائسنس منسوخ کر دینے چاہئیں ۔ کیوں کہ خدشہ ہے کہ ساؤتھ ایسٹ ایشیا کے لوگ (جو بالعموم پستہ قد پائے جاتے ہیں) احتجاجاً ان کمپنیوں پر دھاوا بول دیں ۔ ویسے بھی یہ لوگ معاشی اعتبار سے ساری دنیا پر چھا رہے ہیں اور یہ ہماری اخلاقی ذمہ داری ہے کہ ہم ان کا احترام کریں ۔ بطور خاص کہیں ساؤتھ کوریا کے حکمراں کو اس کی اطلاع نہ مل جائے اور مفت میں تیسری جنگ عظیم چھڑ جائے ۔ حد تو یہ کہ ان ظالموں نے اس پر بھی بس نہیں کی ۔ ہاتھ پیر سے محروم افراد کا بھی نہایت بھونڈا مذاق اڑایا ہے ۔ یہ بتائیے کہ ایک پیر اور ایک ہاتھ والے ہینڈ پمپ بنانے کی آخر کیا ضرورت پیش آئی ؟ اگر انسان نما ہی بنانا تھا تو دو ہاتھ پیر لگانے میں کیا تکلیف تھی ؟ ذرا غور فرمایئے ! کتنا بدنما معلوم ہوتا ہے ایک پیر زمین میں گاڑے، ایک ہاتھ حضرت انسان کی خدمت کے لیے دراز کیے یہ ہینڈ پمپ کھڑے رہتے ہیں ۔۔

نئی ٹکنالوجی نے تو اس 'بے جان مخلوق' کے سارے ظاہری اعضا چھین لیے ۔ نہ مروڑنے کو کان چھوڑے، نہ اینٹھنے کو ہاتھ اور اسے 'آٹو میٹک' کا خوبصورت نام دے دیا ۔ جی جناب ! شرعی اصطلاح میں اسے 'مثلہ' کہتے ہیں ۔ (کسی شخص کے ناک، کان وغیرہ کاٹ دیئے جائیں) جو قطعی حرام ہے ۔ ممکن ہے کہ مفتیان کرام فرمائیں کہ شرعی احکام مکلّف پر ہی عائد ہوتے ہیں، فتوے سے قطع نظر ہمیں تعجب ہے کہ حقوق انسان کی محافظ تنظیمیں کہاں کھو جاتی ہیں ؟ کتنے بے ہودہ مذاق کے ذریعہ بنی نوع انسان کی عزت پامال کی گئی ہے ۔ اور ان کے کانوں پر جوں تک نہیں رینگتی ؟ ہمیں تو ایسا لگتا ہے کہ ان تنظیموں پر 'نلوں' کو بحالت رکوع دیکھ کر یہ انکشاف ہوا ہے کہ یہ سب کے سب 'مسلمان' ہیں اور بعض لوگوں کا خیال ہے کہ ہر مسلمان 'ٹیرریسٹ' ہوتا ہے ۔ خیر! یہ تو رہا وہ ظلم جو ان نلوں کو بنانے والی کمپنیاں کرتی ہیں ۔ رہی بات اس ظلم کی جو ان کے نا اہل مالکان یا اجڈ قسم کے حضرات ان کے ساتھ کرتے ہیں اس کو بھی ملاحظہ فرمائیں ۔

بہت کم مالکان کو دیکھا گیا ہے کہ وہ ان کی صفائی ستھرائی کا

معقول نظم رکھتے ہیں ، بے چارے اس 'مظلوم' کے 'کان' دن بھر اینٹھتے رہتے ہیں اور اپنے چہرۂ انور بلکہ اسود کو رگڑتے رگڑتے صبح سے شام کردیتے ہیں ، یہاں تک کہ اسے یہ گمان ہونے لگتا ہے کہ چہرہ اس کی گود میں نہ آ گرے ۔ اس سے کچھ زیادہ برا سلوک بیگمات کا ہوتا ہے ان کے بس میں ہو تو اپنے پرس میں ایک عدد 'نل' بھی ساتھ رکھیں کہ :

جب ذرا گردن جھکائی ، چہرہ دھولیا

اپنی صفائی کا تو یہ عالم لیکن اس بے چارے کی صفائی پر کوئی توجہ نہیں ، اس کے کان صاف کیے جاتے ہیں نا ہی گردن ! الا ماشاء اللہ (استثنا دنیا کے کس کلیہ میں نہیں ہوتا) ۔ جس سے پوچھو ، بھائی صاحب آپ کے گھر کے نل بہت گندے ہو رہے ہیں ۔ جھٹ جواب دیتا ہے کہ گندے نہیں ہیں 'رسٹ' لگ گیا ہے ، ابھی تو چھ مہینہ پہلے نئے لگوائے ہیں ۔ جب کہ 'نلوں' کے جسم پر جمے میل چیچک کے داغ معلوم ہوتے ہیں ۔ اسی طرح اکثر و بیشتر مالکان ان مظلوموں کی بروقت مرمت بھی نہیں کرواتے ، کسی کی چونچ ہمیشہ ٹپکتی رہتی ہے تو کسی کے کان ڈھیلے ہو کر دونوں سمت لٹو کی طرح گھومتے ہیں ، کسی کے دہانے کو کپڑا یا پنی سے مڑھ دیا جاتا ہے تو کسی کے سرے کو قلم یا مسواک سے ٹھونس ٹھونس کر بند کرنے کی ناکام کوشش کی جاتی ہے اور بہتوں کو تو یونہی ان کی حالت زار پر زار و قطار روتا چھوڑ دیا جاتا ہے کہ :

ٹپک اے قطرہ آنسو بن کے نل کے دہانے سے

لطف تو یہ ہے کہ مالکان کی ان غیر ذمہ دارانہ حرکتوں کا خمیازہ بے چارے معصوم مہمانوں کو بھگتنا پڑتا ہے ۔

آیئے کچھ ایسے مشاہدات بھی سن لیجئے ۔۔

ہر قوم اور نسل کے نلوں کا مزاج دوسرے سے جدا ہوتا ہے ۔ سب سے مزے کی بات یہ ہے کہ 'اس مزاج' کو سمجھنے کے دو ہی طریقے ہیں ، خود تجربہ کیجئے یا صاحب مکان کے تجربے سے استفادہ ۔ عام طور سے مہمانوں کو پہلی صورت حال سے دوچار ہوتے دیکھا گیا ہے ، کیوں کہ صاحب خانہ ہندوستانی تکلف اور اپنی سبکی کے پیش نظر خاموش رہنا مناسب سمجھتا ہے ۔۔

نلوں کے مزاج بھی عجیب و غریب ہوتے ہیں ، کچھ تو اس میں صاحب خانہ کو دخل ہوتا ہے اور کچھ کمپنی والوں کو ، بہر کیف نزلہ تو غریب مہمان پر ہی گرتا ہے ۔ کچھ نل نہایت ہی ضدی قسم کے واقع ہوئے ہیں ۔ آپ ان کے کان مچوڑتے چلے جایئے مجال کہ بند ہو جائیں ۔ آخر کار آپ تنگ آ کر اسی حال میں چھوڑ دیں گے کہ :

خدا نے آج تک اس 'نل' کی حالت نہیں بدلی
نہ ہو احساس جسے خود اپنی حالت کے بدلنے کا

...... ہاں اگر آپ کا نفس امارہ جاگ اٹھے تو ایک نئی مصیبت آ کھڑی ہوتی ہے ۔ ادھر آپ نے زور بازو لگایا اُدھر وہ بنفس نفیس جڑ سمیت آپ کے ہاتھوں میں ۔ ٹوٹے ہوئے پائپ سے جو بے قابو پانی کا فوارہ نکلا تو آپ دم بھر میں پانی پانی ہو گئے ۔ آگے کی صورت حال از خود غور فرمالیں ۔ کچھ 'نل' اتنے بے حیا ہوتے ہیں کہ ان کے مخصوص کانوں کے اینٹھنے کا ان پر کوئی اثر نہیں ہوتا ۔ آپ نے دایاں ، بایاں کان اینٹھا ، کچھ نہ ہوا ۔ مجبوراً آپ نوے ڈگری کا رکوع کیجئے اور مکڑیوں کے جالوں کے بیچ 'باطنی کان' تلاش کر کے کھولیے ۔ اور رخصت ہوتے وقت بے وقوفوں کی طرح حسب معمول دونوں کانوں کو مروڑنے کے بعد آپ کو یاد آتا ہے کہ اچھا اس کے تو دو مخصوص کان 'باطنی' بھی ہیں ۔ بعض 'نل' بڑے نازک مزاج ہوتے ہیں ۔ انگریزی تعبیر استعمال کی جائے تو سافیسٹکیٹیڈ نیچر کے حامل ہوتے ہیں ۔ آپ نے نل کو ذرا جنبش دی نہیں کہ چالو ہو گیا ۔ لیکن ایسے نلوں کو شٹ ڈاؤن کرنے ، سوری ! بند کرنے میں اچھے اچھے پانی پی جاتے ہیں ۔ نہ تو وہ زور قوت سے بند ہوتے ہیں اور نہ ہی آہستگی سے ، انہیں شفقت راست آتی ہے نہ شدت ! یہ تو مدتوں کے ریاض سے معلوم ہوتا ہے کہ ایسے نلوں کو نرمی و گرمی کے کس حسین امتزاج کے ساتھ کیفر کردار تک پہنچایا جاتا ہے ۔ کچھ بے چارے تو سدا بہار ہوتے ہیں ۔ ہمیشہ چالو ہی رہتے ہیں ایسے نل بطور

خاص سرکاری دفاتر اور سوچالوں میں پائے جاتے ہیں۔ خدا کے لیے ان سے کبھی مت الجھئے گا کیوں کہ ان کی اصلاح آپ سے پہلے نہ جانے کتنے طرم خانوں نے کرنی چاہی لیکن یہ کتے کی دم کی طرح اپنی روش پر قائم رہے۔

جن حضرات کا تعلق دیہات سے ہے بلکہ ہندوستان سے ہے، انہیں ہینڈ پمپ کے بڑے تجربات ہوں گے۔ اس پمپ کا بھی اپنا مخصوص نیچر ہے۔ لطف تو یہ ہے کہ ہر پمپ کا مزاج اچھوتا ہوتا ہے جب کہ شکل وصورت بعینہ یکساں! مثال کے طور پر آپ نے ایک پمپ کو پوری قوت سے چلایا، پتہ چلا کہ پل بھر میں وہ ہوا کی طرح نیچے گیا اور واپس آ کر اوپر کے لوہے سے ٹن سے ٹکرایا۔ آپ پمپ چھوڑ چھاڑ بازو کے جوڑ دیکھنے لگتے ہیں کہ سلامت ہیں کہ نہیں! اگر آپ شریف نہیں ہیں تو اہل خانہ کو مغلظات بکنے لگیں گے اور بدقسمتی سے ہمارے جیسے ہیں تو دل ہی دل میں بک لیں گے کہ ایسے کم ظرف کے گھر آیا ہی کیوں؟ کہ

نہ آتے ہمیں اس میں تکرار کیا تھی ؟

کچھ ہینڈ پمپ اقبال کی اس تعبیر کہ 'فولاد ہے مؤمن' کی سراپا تصویر ہوتے ہیں۔ آپ اپنے وجود سمیت، تو ندو حضرات اپنی توندوں سمیت اس کے ہینڈل پر لٹک جائیں، کیا مجال کہ پانی کی مطلوبہ مقدار میسر آ جائے۔ اچھا ان پمپوں کی چال بھی بڑی نرالی ہوتی ہے۔ کچھ تو ایسے ہوتے ہیں کہ بحال قیام کمر جھکائے بغیر ذرا ہاتھ دراز کر کے ہلکے ہاتھوں سے چلا سکتے ہیں۔ اکثر یہ سرکاری ہینڈ پمپ ہوتے ہیں۔ بعض ایسے ہوتے ہیں کہ ان کے ساتھ کشتی کرتے رہئے اور جیسے جیسے وہ جھکے اس کی تقلید کرتے جائیے لیکن نظریں دہانے پر ہونی چاہئیں ورنہ آپ کے سر کی ذمہ داری خود آپ کے سر! اور کچھ تو یوں ہوتے ہیں کہ اوپر سے نیچے تک پورا چلا لیجئے، پانی کی ایک بوند نہیں آئے گی، پانی لانے کا طریقہ یہ ہے کہ جب ہینڈل نیچے کی طرف آخری حد تک آ جائے تو قاری صاحب کی طرح ایک دو سیکنڈ کا سکتہ فرمائیں پھر دیکھئے جھرنے کی طرح پانی کیسے گرتا ہے۔

آج کل جدید قسم کے نئی ٹکنالوجی کی مدد سے بنائے جانے والے 'نل' بھی بہت اہمیت کے حامل ہیں۔ ان کی بھی ایک شان امتیازی ہے۔ انہیں چالو کرنے کا راز پالینا ہی ایک جہاد ہوتا ہے۔ بلکہ ایک خود اعتمادی کی کیفیت محسوس ہوتی ہے کہ

فیضان محبت عام سہی، عرفان محبت عام نہیں

اچھے اچھے پڑھے لکھے لوگوں کو دیکھا گیا ہے کہ کبھی اوپر ہاتھ مار رہے ہیں تو کبھی نیچے، کبھی دائیں طرف 'کان' نما کوئی چیز تلاش کر رہے ہیں تو کبھی بائیں طرف۔ اسی شش و پنج میں پیچھے لوگوں کی قطار در قطار لگتی چلی جاتی ہے اور سب انہیں دیکھ کر زیر لب مسکراتے ہیں۔ اسی دوران اچانک ان کا ہاتھ نل کے منہ کے قریب جاتا ہے۔ اور وہ خود بخود چالو ہو جاتا ہے، یہ جناب دم بخود رہ جاتے ہیں۔ ان کے بعد جو صاحب آتے ہیں وہ اپنے سابق شخص کے تجربہ سے فائدہ اٹھاتے ہوئے نہایت خود اعتمادی کے ساتھ نل کا استعمال فرماتے ہیں۔ عام طور سے اس قسم کے' ذلیل نل' شرفا و امرا کے ہاں، فائیو اسٹار ہوٹلوں یا ایرپورٹ وغیرہ پر لگے ہوتے ہیں۔ ان نلوں کا پورا وجود ان کی ننھی سی گردن ہی ہوتی ہے جو بالعموم غیر معمولی طور پر مختصر ہوتی ہے۔ کوئی دائیں طرف گھمانے سے چالو ہوتا ہے تو کوئی بائیں جانب۔ کسی کی گردن اٹھائی جاتی ہے تو کسی کی گرائی جاتی ہے۔ کوئی گول گھمانے سے چالو ہوتا ہے، کوئی محض ہاتھ لگانے سے ہی ہو جاتا ہے اور کوئی بغیر لگائے ہی، غرض کسی بھی بے ہودہ طریقے سے یہ چالو ہو سکتا ہے:

اس دور کی ہر چیز الٹی نظر اتی ہے
لیلیٰ نظر آتا ہے مجنوں نظر آتی ہے

ایسے نل بنانے والی کمپنیوں سے ہماری درخواست ہے کہ براہ کرم ساتھ میں ایک چھوٹا سا اسکرین مع ریموٹ بھی لگا دیا کریں، تا کہ استعمال کرنے والا ڈیمو دیکھ کر اپنی عزت محفوظ رکھ سکے۔

چلتے چلتے ایک اور قسم کا 'نل' یاد آ گیا، یہ 'نل' صرف اور صرف ٹرینوں کے حماموں اور پلیٹ فارموں پر ہی لگے ہوتے

ہیں ۔ اس کے علاوہ اگر کہیں اور دیکھیں تو براہ کرم ریلوے انتظامیہ کو باخبر کردیں ، بقیہ کارروائی وہ خود کرلیں گے ۔ ان نلوں پر بہت غصہ آتا ہے ان کا حال اس بچے کا سا ہوتا ہے جسے ان کی ماں دونوں پیروں کو کرسی بنا کر بٹھاتی ہے اور مسلسل سی سی سی کی آوازیں نکالتی رہتی ہے ، جدھر ماں کی آواز بند ہوئی ادھر بچہ کی دھار منقطع ! بس کچھ ایسا ہی حال ہوتا ہے ان نلوں کا ۔ آپ جب تک اس کے تھوتھنے میں ہاتھ لگا کر رکھیں ، چالو ، ذرا ہاتھ کی گرفت ڈھیلی ہوئی بند ۔ ہمیں ایسے نلوں سے کوئی شکایت نہیں ! بس ریلوے سے اتنی گذارش ہے کہ ہر نل کے پاس ایک ملازم مقرر کردے جو دبانے ، چھوڑنے کا عمل انجام دیتا رہے ۔

ہمارے ایک عزیز استاد نے نل کی ایک اور قسم یاد دلائی ، عزیز استاد اس لیے کہ تعلق تو ان سے دوستوں جیسا ہے لیکن اصولی اعتبار سے ہیں وہ ہمارے استاد خیر !...... آج کل اس قسم کے نلوں کا بڑا رواج ہوگیا ہے اور ہو بھی کیوں نہ ، بھئی انگریزی فیشن جو ٹھہرا ۔ ہم ان نلوں کی بات کررہے ہیں جو بظاہر 'ٹیلی فون رسیور' معلوم ہوتے ہیں ۔ لیکن درحقیقت ہوتے نہیں ہیں ۔ خدانخواستہ اسے کبھی کان میں لگا کر دیا مت دیجئے گا کہ اس کا مقام اور ہی ہے ۔۔

چہ نسبت خاک رابہ عالم پاک

نوٹ : تمام ان مالکان سے راقم کی گذارش ہے جن کے 'نل' اپنی فطری طبیعت سے منحرف ہوچکے ہیں وہ اپنے باغی نلوں کے بارے میں ایک 'انتباہ' (نوٹس) لگادیں ، اس طریقے سے بے چارے مہمان کی عزت بھی بچی رہے گی اور صاحب خانہ بھی اپنا قصور 'نلوں' پر ڈال کر مہمانوں کے عتاب سے محفوظ رہیں گے)۔۔

amiralmojibi@gmail.com

☆......○......☆

منظور الامین
حیدرآباد

اردو کا کوہِ ہمالہ

تذکرہ اس نگہ ناز کا دل والوں میں
دوستوں چھیڑ دیا تم نے یہ قصہ بھی کہاں

شعر فراق گورکھ پوری کا ہے، اس شعر کو ہم مرحوم ریاست حیدرآباد کے ۴۱۱ میٹر والے دکن ریڈیو اور اُس دور کی اردو پر منطبق کرنا چاہتے ہیں اس سلسلے میں بہت ساری یادیں اور باتیں ہیں جنھیں آپ کو بتانے کو جی چاہتا ہے مگر فی الحال ہم ان دو موضوعات پر اکتفا کرتے ہیں۔

یہ دکن ریڈیو حیدرآباد کے آل انڈیا ریڈیو میں انضمام سے پہلے کی بات ہے۔ اس وقت راقم السطور کا حکومت نے دکن ریڈیو حیدرآباد کے ٹاکس پروڈیوسر کے عہدے کے لیے انتخاب کیا تھا۔ یہ وہ زمانہ تھا جب دکن ریڈیو کی آخری مجلس نظام دکن کے تحریر کیے ہوئے نغمے 'تابد خالق عالم ہو ریاست رکھے' پر رات ساڑھے دس بجے ختم ہوا کرتی تھی۔ نشرگاہ کے پروگراموں میں اردو کا بول بالا تھا۔ عام بول چال کی زبان میں بھی اردو کا اثر غالب تھا۔ ڈائرکٹر کی پوسٹ کے لیے ناظم نشریات، ٹاکس پروڈیوسر کی پوسٹ کے لیے منتظم تقاریر اور اکاونٹنٹ کی پوسٹ کے لیے محاسب جیسے الفاظ استعمال میں تھے۔

اس مختصر مضمون میں 'سمٹے تو دل عاشق پھیلے تو زمانہ ہے' کی گفتگو ہوگی۔ ٹاکس پروڈیوسر کی حیثیت سے ہماری ذمہ داری تھی نشرگاہ حیدرآباد سے نشر ہونے والے پروگراموں میں، اردو، ہندی، انگریزی نیز یونیورسٹی کے لیے پروگرام کی پلاننگ اور ان پر عمل آوری، اس زمانے کے ناظم نشریات نے ہمیں اپنی ذمہ داری کے اہم نکات سے آگاہ کیا، یہ بھی بتایا کہ ہر تین ماہ کے لیے تقریروں کا ایک خاص شیڈول بنایا جاتا ہے۔ جن میں مختلف موضوعات اور مضامین کا احاطہ کیا جاتا ہے۔

یادش بخیر! ہم نے یہ شیڈول بنایا اس زمانے کے محکمۂ جنگلات میں اہم اصلاحات کے تناظر میں ہم نے Afforestation in Hyderabad کے موضوع پر انگریزی میں ایک تقریر پلان کی۔ اُس دور کے وزیر زراعت اور جنگلات شری کونڈا (یہ تلگو لفظ ہے اس لفظ کے معنی ہوتے ہیں پہاڑ) وینکٹ رنگاریڈی کے لیے، اس سلسلے میں منسٹر صاحب کو خط لکھا گیا۔ رنگاریڈی صاحب کے پی اے نے ہمیں لکھا کہ منسٹر صاحب اس موضوع پر انگریزی میں نہیں اردو میں بولنا چاہیں گے۔ ہمارے ڈائرکٹر نے اس کی منظوری دے دی اور منسٹر صاحب کو اطلاع دے دی گئی نشرگاہ کے قوانین کے مطابق ایک ہفتہ پہلے مقرر کا اسکرپٹ ہم تک پہنچنا چاہئے تھا۔ اسکرپٹ آیا اس میں جو زبان استعمال کی گئی تھی مثال کے طور پر اس کا نمونہ یہ تھا:

''حیدرآباد اور اطراف بلدہ میں کندیدن باولیات کا کام زور وشور سے زیر اہتمام ہے، نیز جنگلات سے ہیزم سوختنی بھی حاصل کی جارہی ہے''۔

جب ہم یونیورسٹی میں زیر تعلیم تھے تب قابل استادوں نے ہمیں بتایا تھا کہ Communication کی خوبی یہ ہے کہ تحریر کو کسی طرح عام بول چال کا روپ دیا جائے، ہم اس وقت تازہ وردِ جاب تھے اس لیے اس پر عمل پیرا ہوتے ہوئے ہم نے منسٹر صاحب کی تقریر کے اس حصے کو یوں بدل دیا۔ واضح ہو کہ

اسکرپٹ میں اور بھی تبدیلیاں ہم نے پنسل سے کی تھیں۔

'' حیدرآباد اور آس پاس کے علاقوں میں کنوئیں کھودنے کا کام شدت سے جاری ہے اور جنگلوں سے جلانے کی لکڑی یا ایندھن حاصل کیا جارہا ہے''۔

منسٹر صاحب کے سارے ہی اسکرپٹ میں ہم نے اسی طرح کی تبدیلیاں تجویز کیں۔ حالانکہ ہم جانتے تھے کہ منسٹر صاحب نے جو اردو زبان استعمال کی تھی وہ اردو کے مسلم الثبوت استاد ہی کر سکتے تھے پھر بھی ڈائرکٹر صاحب کو اسکرپٹ منظوری کے لیے بھیج دیا گیا۔ انہوں نے مجھے بلایا اور کہا '' تم نے یہ تو ٹھیک کیا لیکن منسٹر صاحب vip ہیں اس لیے ان کی منظوری بھی اہم ہے۔ تم ان کے پاس جاؤ اور انہیں ان تبدیلیوں سے آگاہ کرو'۔ چنانچہ ہم منسٹر صاحب سے جا کر ملے۔ جب منسٹر صاحب نے اپنے اسکرپٹ میں یہ تبدیلیاں دیکھیں تو سخت ناراض ہوئے اور پوچھا' یہ کس نے ہمارے مسودے میں ترمیمات کی ہیں؟' ہم نے خاکساری سے جواب دیا' جناب یہ گستاخی میں نے کی ہے'۔ منسٹر صاحب کا غصہ ابھی ٹھنڈا نہیں ہوا تھا وہ بولے' آخر تم کس کھیت کی مولی ہو جو ایسی جسارت تم نے کی ہے جاؤ۔ یہاں سے اب ہم یہ تقریر نہیں کریں گے۔' انہوں نے مسودہ ہمارے حوالے کر دیا اور ہم نے مال اپنا اٹھا اپنی بغل میں مارا۔

نشرگاہ پہنچ کر ڈائرکٹر صاحب کو ہم نے صورت حال سے آگاہ کیا، اُدھر منسٹر کونڈا وینکٹ رنگاریڈی نے دلی میں یونین منسٹر آف براڈ کاسٹنگ کو ٹیلی فون پر بتایا کہ نشرگاہ والوں نے ان کے اسکرپٹ کے ساتھ ایسا سلوک کیا۔ منسٹر نے ہمارے ڈائرکٹر کی سرزنش کی۔ مجھے ڈائرکٹر نے بلایا اور کہا تم نے اسکرپٹ میں پنسل سے جو تبدیلیاں کی ہیں انہیں مٹا دو۔ منسٹر صاحب کی تقریر، انہوں نے جو کچھ لکھا ہے، ویسے ہی نشر ہوگی۔ ساتھ ہی ڈائرکٹر صاحب نے منسٹر صاحب سے معافی مانگی اور کہا کہ ان کی تقریر بغیر کسی تبدیلی کے نشر ہوگی چنانچہ یہی ہوا۔

منسٹر صاحب رات پونے آٹھ بجے نشرگاہ حیدرآباد تشریف لائے راقم نے ان کا استقبال کیا۔ انہوں نے مسکراتے ہوئے میری پیٹھ تھپتھپائی اور بولے'' تم کو اردو آتی نہیں کیا؟'' آٹھ بجے انہوں نے اپنی تقریر نشر کی پھر وہ کار میں بیٹھے اور چلے گئے اور ہم اپنے گھر چلے گئے۔۔

☆......○......☆

نصرت ظہیر
نئی دہلی

اردو کے ذائقے

واہ کیا لذیذ شے ہے اردو بھی۔۔

ابھی ابھی اردو کی فلاح و بہبود کے لیے بلائے گئے اردو دانش وروں کے ایک جلسے میں ڈنر کر کے آ رہا ہوں اور دل اردو کی محبت سے اس قدر معمور و سرشار ہے، اور روح میں کچھ ایسی تراوٹ یا شاید طراوت بھر گئی ہے کہ جدھر دیکھتا ہوں اردو ہی اردو نظر آ رہی ہے۔

اردو قورمے، اردو پلاؤ، اردو کباب، اردو نہاری اور اردو حلوے کا ذائقہ ابھی تک منھ میں بسا ہوا ہے، اور اب جو یہ مضمون لکھ رہا ہوں تو جی یہ چاہتا ہے کہ کوئی اور بات لکھنے کی بجائے بس ایک لفظ لکھتا جاؤں۔ اردو... اردو... اردو... الخ۔ یہاں تک کہ مضمون کوئی کام کی بات لکھے بغیر ہی مکمل ہو جائے۔ گو کہ اس طرح قارئین کے پلّے کچھ نہیں پڑے گا لیکن اس کی فکر کسے ہے۔ ویسے بھی اردو مضامین میں جو کچھ لکھا جاتا ہے وہ کسی کی سمجھ میں کہاں آتا ہے۔ بس مضمون نگار خود اپنے تفنّنِ طبع کے لیے اِدھر اُدھر کی ہانکتا رہتا ہے۔

بہر کیف، قارئینِ کرام، جب بھی میں اردو کے کسی جلسے میں جاتا ہوں اور اردو کی خدمت کر کے نیز اردو کا لنچ یا ڈنر تناول فرما کر گھر واپس آتا ہوں تو میری ذہنی کیفیت کچھ ایسی ہی ہوتی ہے۔ جی چاہتا ہے باقی زندگی بھی اسی طرح اردو کی خدمت میں گزاردوں۔

خیر اس وقت جس جلسے کا ذکر کر رہا ہوں وہ ایک سرکاری اردو ادارے کی طرف سے یہ جاننے کے لیے منعقد کیا گیا تھا کہ اردو کے اصل مسائل کیا کیا ہیں اور انہیں کس طرح حل کیا جا سکتا ہے۔ اس کے لیے مشہور و معروف اردو ادیبوں، دانش وروں، صحافیوں، استادوں اور شاگردوں کو سرکاری اجرت پر جلسے میں بلایا گیا تھا۔

جلسہ شروع ہوتے ہی ادارے کے افسرِ اعلیٰ نے حاضرین کو بتایا کہ حکومت اردو کے اصل مسئلوں سے واقف ہونا چاہتی ہے تا کہ وہ ان کا کوئی اچھا سا حل سوچ سکے اور اسی سلسلے میں نیک مشورے دینے کے لیے آپ سب کو یہاں بلایا گیا ہے۔ اس کے ساتھ افسرِ اعلیٰ نے بڑی لجاجت سے رقت آمیز لہجے میں دست بستہ التجا کی کہ جناب آپ سب کو اللہ کا واسطہ ہے ... لِلّٰہ اردو زبان وادب کی تاریخ و جغرافیہ اور شکوہ جوابِ شکوہ بیان کرنے کی ہرگز ہرگز کوشش نہ کریں، نیز یہ بھی نہ بتائیں کہ اردو گنگا جمنی تہذیب کی پروردہ زبان ہے اور اس کی ترویج و اشاعت میں ہر مذہب کے لوگوں کا ہاتھ ہے، چنانچہ اسے کسی ایک فرقے کی زبان قرار دینا کفر ہے، اور یہ کہ آزادی کے بعد سے اب تک اردو کو مٹانے کی ہی کوششیں ہو رہی ہیں وغیرہ وغیرہ۔ افسر نے کہا کہ یہ باتیں ہم پہلے سے ہی جانتے ہیں۔ گنگا جمنی تہذیب سے اردو کو جوڑنا یوں بھی کوئی سمجھ داری کی بات نہیں ہے کیوں کہ دونوں دریا غلاظت کی ملاوٹ سے اس قدر گندے ہو چکے ہیں کہ لوگ ان کے قریب سے بھی ناک پر رومال رکھ کر گزرتے ہیں۔ لہٰذا جب دریا اتنے گندے ہو چکے ہوں تو ان کی پروردہ تہذیب کتنی بدبودار ہوگی۔ علاوہ ازیں اردو کے ساتھ حکومت نے کیا کیا اور ہم اردو والوں نے اسے کس حال میں پہونچایا اس پر بھی خاک ڈالیے۔ آج صرف اتنا بتائیے کہ اردو کی ترقی کے لیے اب

کیا ہونا چاہیے۔

اس کے بعد لوگوں نے ایسی ایسی تجاویز جلسے میں پیش کیں اور ہر اردو والا اردو کے مسائل اور ان کے حل بتانے کے لیے اس قدر بے تاب نظر آیا کہ لوگ اردو کی زیادہ سے زیادہ خدمت کرنے کے جوش میں یہ بھی بھول گئے کہ شام سے رات ہوگئی ہے اور جلسہ گاہ کے باہر رکھی میزوں پر ایک پرتکلف اردو ڈنر گرم ہو چکا ہے۔

ایک صاحب نے کہا کہ اردو کا سب سے بڑا مسئلہ یہ ہے کہ اس کا شین قاف بگڑ رہا ہے۔ تعلیم کو لوگ طعلیم لکھ دیتے ہیں اور توتے کو طوطا۔ بلکہ کئی لوگوں کو تو میں نے تو طا اور طوتا لکھتے اور بولتے ہوئے بھی دیکھا ہے۔ اور تو اور س ث اور ص میں بھی فرق نہیں کرتے۔

اس پر حاضرین کے ایک گوشے سے استغفراللہ، لاحول ولا اور انا للہ کی صدائیں بلند ہوئیں۔ کسی نے کہا ایسے لوگوں کا سماجی بائیکاٹ ہونا چاہئے۔ ایک رائے تھی کہ غلط املا لکھنے اور بولنے والوں کے ووٹر کارڈ رد کر دیے جائیں۔ اس پر کسی اور نے کہا یہ لوگ بڑے ڈھیٹ ہیں، یوں باز نہیں آئیں گے۔ لہٰذا ووٹر کارڈ کی بجائے اُن کے راشن کارڈ منسوخ کر دینا زیادہ مناسب ہوگا۔ ایک بار راشن نہ ملے، پھر دیکھتے ہیں کہ کوئی توتے کو طوطا کیسے لکھتا ہے۔

اس پر افسرِ اعلیٰ نے دبے لفظوں میں سمجھانے کی کوشش کی کہ جناب صحیح توتے سے غلط طوطا لکھنا زیادہ بہتر ہے کیوں کہ اس میں طائرِ مذکور کی چونچ اور گردن بھی نظر آجاتی ہے، لیکن لوگوں نے شور مچا دیا۔ ایک صاحب نے تو صاف اعلان کر دیا کہ حکومت اردو کے پرسنل لا میں مداخلت کی کوشش کر رہی ہے لہٰذا میں جلسے سے احتجاجاً واک آؤٹ کر رہا ہوں۔ اس پر قریب بیٹھے لوگوں نے انہیں سمجھانے کی کوشش کی، مگر وہ ضد پر اڑے رہے۔ آخر ایک صاحب نے ان کے کان میں چپکے سے کچھ کہا جس کے بعد وہ فوراً خاموش ہو گئے (بعد میں کسی نے بتایا کہ کان میں ڈنر کا مینو بتا دیا گیا تھا۔ واللہ اعلم بالصواب)۔

آخر ایک دانش ور نے معاملہ سلجھایا۔ دانش ور نے کہا کہ اردو کا املا اور تلفظ ٹھیک کرنے کے لیے ہمیں جڑ کو ٹھیک کرنا ہوگا۔ گزشتہ زمانے میں ایک چیز اردو کا املا درست رکھتی تھی اور وہ تھی نیم کی ٹہنی، جسے شرفا کی زبان میں قمچی کہا جاتا ہے۔ جب سے اردو میں قمچی کا رواج ختم ہوا ہے اس کا املا لگاتار بگڑتا جا رہا ہے۔ اگر املا درست کرنا ہے تو اردو ٹیچر کے ہاتھ میں قمچی تھمائی جانی چاہیے۔ حکومت کو صلاح دی گئی کہ وہ اعلیٰ درجے کے نیم کے درختوں کی معیاری اردو قمچیاں تیار کرائے۔ تاہم دانش ور نے خبردار کیا کہ اسکولوں میں سپلائی سے پہلے قمچی کی کوالٹی کو اچھی طرح جانچ پرکھ لینا چاہئے کیونکہ ناقص قمچی کے استعمال سے کہیں ایسا نہ ہو کہ رہی سہی اردو بھی ہوا ہو جائے۔ بہتر ہوگا کہ قمچیوں کی جانچ این سی ای آر ٹی جیسے کسی نصابی ادارے سے کرائی جائے۔ اس پر کسی نے صلاح دی کہ کیوں نہ این سی ای آر ٹی کو ہی قمچیاں بنانے کا کام سونپ دیا جائے اور اس کی قمچیوں کو اردو کی نصابی قمچیاں کہا جایا کرے۔ اس رائے سے دانش ور صاحب پھڑک گئے اور کہنے لگے: ''واہ، سبحان اللہ، کیا رائے دی ہے۔ مکرر ارشاد۔''

یہ مسئلہ ختم ہوا ہی تھا کہ ایک صاحب نے یہ کہہ کر سنسنی پھیلا دی کہ ملک کی مغربی اور جنوبی ریاستوں میں اردو بڑی تیزی سے ترقی کر رہی ہے اور حکومت سے کوئی مدد لیے بغیر کر رہی ہے، جب کہ شمالی اور مشرقی ہندوستان میں حکومت پورا زور لگا کر بھی اردو کو ترقی نہیں دے پا رہی ہے۔

اس انکشاف سے جلسے میں سناٹا چھا گیا۔

آخر ایک آواز ابھری۔ یہ غلط ہے۔ ایسا نہیں ہوسکتا۔ مغربی صوبے میں ایک اردو اکادمی عرصے سے موجود ہے۔

اس پر پوچھا گیا، موجود ہے تو کیا ہوا۔

جواب آیا، اگر اردو اکادمی موجود ہے تو اردو ترقی کیسے کرسکتی ہے اور وہ بھی تیزی سے۔ اس میں یقیناً کوئی گھپلا ہے۔

انکشاف کرنے والے نے کہا، کوئی گھپلا نہیں ہے۔ سچ تو یہ

ہے کہ جب مجھے لوگوں نے اس صوبے میں اردو کے اسکولوں اور طلبا کی تعداد اور اردو زبان کے پھیلاؤ کی بابت بتایا تو میں نے ان سے کہا کہ جب یہ صورت حال ہے تو آپ لوگ اردو کو صوبے کی دوسری سرکاری زبان بنانے کا مطالبہ کیوں نہیں کرتے؟ اس پر انہوں نے ہاتھ جوڑ لیے اور کہنے لگے ، معاف کیجیے جناب ، ہماری اردو غیر سرکاری ہی بھلی ۔ سرکاری درجہ مل گیا تو کہیں دہلی اور یو پی کی طرح یہاں بھی یہ دفن نہ ہو جائے۔

آخر ایک دانش ور نے ہی اس تنازعے کو بھی حل کیا۔ دانش ور موصوف نے فرمایا، حضرات، سارا قصور ملک کے جغرافیے کا ہے۔ اگر اس ملک کا جنوب شمال میں اور مغربی حصہ مشرق میں ہوتا تو اردو کا یہ حال نہ ہوتا۔ کروڑوں سال پہلے جب جنوبی ایشیائی خطہ قطبِ جنوب سے جڑا ہوا تھا تو ہماری سمتیں کچھ اور ہوا کرتی تھیں۔ شمال، جنوب مشرق میں ہوتا تھا اور مشرق، شمال مغرب میں پایا جاتا تھا۔لیکن اردو کی بدقسمتی دیکھیے کہ جنوبی ایشیا کی یہ ارضی پلیٹ جنوبی قطب سے الگ ہوگئی اور کروڑوں سال میں کھسکتے کھسکتے ایشیا سے آٹکرائی، جس سے ہمالیہ کے پہاڑ پیدا ہو گئے، گنگا جمنا وجود میں آگئیں اور گنگا جمنی تہذیب کی آنکھ کھل گئی۔ اگر یہ خطہ جنوبی قطب میں ہی پڑا رہتا تو نہ ہمالیہ کھڑا ہوتا نہ گنگا جمنا بہتیں، نہ ملی جلی تہذیب پیدا ہوتی نہ اردو کا مسئلہ سامنے آتا۔ لہٰذا اس تاریخی جدلیات اور جدلیاتی شعور اور شعوری وجدان کا تقاضہ ہے حکومت ملک کے اٹلس میں خاطر خواہ تبدیلی لائے اور اس کی سمتوں کو درست کرے تاکہ اردو کے ساتھ ہونے والی ناانصافیوں کا ازالہ ہو سکے۔

غرض، اسی طرح کی روح پرور تجاویز اور ولولہ انگیز مشوروں کے ساتھ یہ اردو جلسہ اختتام پذیر ہوا، اور خادم ساڑھے چار گھنٹہ متواتر اردو کی خدمت کر کے مسرور و مغرور اور شکم سیر ہو کر گھر واپس آیا۔

خدا ہم سب کو اردو خوری کے مواقع عطا فرماتا رہے اور اردو کے یہ خوانانِ نعمت یوں ہی سجے رہیں۔ آمین۔

☆......○......☆

ڈاکٹر حمیرہ سعید
حیدرآباد

آنکھ میں جو موتی ہے

آنکھ میں جو آنسو ہے، کون اس کا ثانی ہے
رک گیا تو موتی ہے، بہہ گیا تو پانی ہے
ضبط غم سے ہی بڑھا کرتی ہے قیمت اس کی
اشک جو آنکھوں میں رہتا ہے وہی موتی ہے
کیوں ایک طرف نگاہ جمائے ہوئے ہو تم
کیا راز ہے جو مجھ سے چھپائے ہوئے ہو تم

یہ سارے اشعار آج ہم پر طنز کے تیر برساتے نظر آرہے تھے۔ یا خدا! نظر آرہے !...... یہ جملہ ہم نے کیسے استعمال کرلیا۔ نظر نہ آنے کی ہم بات کرنے جارہے ہیں اور کہہ رہے ہیں نظر آرہے تھے۔ اسی لیے ہم کہتے ہیں، جب ایک اور ایک آسانی سے دو ہوسکتے ہیں تو ایک اور ایک گیارہ کرنے کی کیا ضرورت ہے۔ ہر لفظ کو ہم صرف ایک معنوں میں ہی کیوں استعمال نہیں کرسکتے۔ پتہ نہیں کیوں پیچیدگی ہمیں شروع سے ہی پسند نہیں، دیکھیے پھر ہم الفاظ کی پیچیدگیوں میں الجھ کر رہ گئے۔ بات ہم کررہے تھے نظر کی' اس کے اصلی معنی' لغوی معنی یا محاورۃً اس کا استعمال سب کچھ ہمارے لیے ناقابل برداشت ہوتا جارہا ہے۔

اب آپ سوچ رہے ہوں گے کہ ہم یہ کیسی پیچیدہ باتیں کررہے ہیں تو جناب بات صرف اتنی ہے کہ ہماری نظریں آج کل ہمیں دھوکہ دے رہی ہیں۔ ہم محاورہ استعمال نہیں کررہے ہیں بلکہ یہ بات سولہ آنے سچ ہے۔ خدا نے چہرے پر یہ دو آنکھیں ہی تو ایسی دی ہیں جو ٹھیک ٹھاک ہیں۔ اگر آپ اسے اپنے منہ میاں مٹھو بننا نہ سمجھیں تو یہ کہنے کی جسارت کروں گی کہ خدا نے نظروں کو نظر بند کرنے والی آنکھیں ہمیں عطا کی ہیں۔ ہم مذاق نہیں کررہے ہیں، ہم نے اگر اپنی تعریف میں کچھ جملے سنے ہیں تو ان آنکھوں ہی کی وجہ سے۔ کسی کو ان میں نشہ نظر آتا ہے تو کسی کو کشش، کسی کو یہ پرسکون جھیل کی یاد دلاتی ہیں تو کوئی ان میں ڈوبنا چاہتا ہے۔ اب آپ یہ نہ سمجھیں کہ ہم نے نظروں کے تیر کس کس پر چلائے کہ سارے ہماری نظروں کے دام الفت کا شکار ہوگئے۔ ایسی گستاخی کرنے کے ہم مرتکب نہیں ہوسکتے کیوں کہ اللہ نے ہمیں ایک ایسا شوہر عطا کیا ہے جس نے ہم سے نظریں ٹکراتے ہی شرافت کی عینک آنکھوں پر چڑھالی اور ہم کو بھی چشمہ استعمال کرنے کا وقتاً فوقتاً مشورہ دیتے رہتے ہیں۔ شاید وہ نہیں چاہتے کہ ہماری حسین آنکھیں کسی اور سے ٹکرائیں۔ لیکن ہمیں لگتا ہے اس کے لیے چشمہ کی نہیں چشمِ باطن کی ضرورت ہے جو اپنی رفتار کو قابو میں رکھے۔۔

ہماری آنکھیں نہ ہی غزالی ہیں نہ ہی بادامی اور نہ ہی نرگسی لیکن آپ کو بتادیں اب ہم اپنی آنکھوں کی تعریف میں ایک ایسی تشبیہ کا استعمال کرنے والے ہیں جو کہ آپ کو بالکل انوکھی لگے گی۔ لگنی بھی چاہیے، ویسے ہم ہیں ہی انوکھے، ہمارا مطلب ہے دنیا کا ہر شخص اپنے آپ میں انوکھا ہی ہوتا ہے۔ تو بات چل رہی تھی ہماری حسین آنکھوں کی۔ جی سیپی جیسی آنکھیں ہیں ہماری! کیا ہوا تشبیہ جچی نہیں۔ جچے نہ جچے ہم تو وہی بات کریں گے جس میں سچائی ہو۔ سیپی یا صدف ہم کسے کہتے ہیں؟ وہ جو اپنے اندر موتی چھپائے رکھتے ہیں۔ تو بس جب ہماری دونوں آنکھوں میں دو موتی چھپے ہوئے ہیں تو ہوئی نا ہماری آنکھیں سیپی جیسی۔

اب پتہ نہیں آپ ہم پر رشک کریں گے یا ہم سے ہمدردی،

جو بھی ہو، عطا کرنے والے نے ہمیں مالا مال کر دیا۔ یہ اور بات ہے کہ ڈاکٹر اِسے آنکھوں کی خرابی مانتے ہیں۔ آپ کو یہ سن کر اور بھی حیرت ہوگی کہ ہم میں پیدائشی موتی ٹکے ہیں، جی ہاں جب ہم نے اپنے شوہر اور بچوں کو قریب سے دیکھا تو پرآنکھوں کے بے تحاشا درد کو سہنا پڑا۔ فوراً ڈاکٹر کے پاس گئے۔ ڈاکٹر نے کہا دونوں آنکھوں میں Cataract ہے۔ جبکہ دل نے کہا کہیں خدا ہمیں یہ اشارہ تو نہیں دے رہا ہے کہ فانی دنیا سے اتنی قربت ٹھیک نہیں۔ آنکھوں میں ہونے والی کھٹک نے ہمیں ڈاکٹر کا درکھٹکھٹانے پر مجبور کر دیا اور اس نے نظر سے نظر ملاتے ہی کہا سرجری کرنی ہوگی۔ اس میں کوئی دو رائے نہیں۔ ہم نے اپنے دل میں کہا یعنی دوسری رائے لینی ہی پڑے گی۔ رائے دے کر ڈاکٹر نے اپنا فرض پورا کر دیا۔ اچانک ہمیں وہ دانشور یاد آ گئے جو واقعی دانشور تھے او روہ بھی جو خود کو دانشور سمجھتے تھے ۔ ان دونوں قبیلوں کے لوگوں کا خیال تھا کہ آج کل ڈاکٹروں پر بھروسہ کرنا مشکل ہے خاص کر آنکھوں او دانتوں کے ڈاکٹر اپنی گاڑی چلانے کے لیے اکثر دوسروں کی آنکھوں اور کانوں کی سرویسنگ کراتے رہتے ہیں، اسی لیے سکینڈ اوپنین ضروری ہے۔ ہم نے ڈاکٹر کو عجیب نظروں سے دیکھا حیرت کا بڑا جھٹکا لگا تھا ہمیں ۔ کیا ہمارے کانوں نے صحیح سنا۔ ہم اس عمر میں موتیا بند کا شکار کیسے ہو سکتے ہیں ؟۔ ہمیں اپنے کانوں پر یقین نہیں لیکن آنکھوں پر پورا یقین تھا کہ یہ ہمیں دھوکہ نہیں دیں گی۔

ہم نے سنا تھا ' کبھی کبھی آنکھوں دیکھا بھی غلط ہوتا ہے لیکن آج کانوں سے سنا ہوا بھی غلط لگ رہا تھا۔ شک دور کرنے کے لیے ڈاکٹر سے پوچھا اتنی کم عمری میں یہ کیسے ہوسکتا ہے ؟ تو ڈاکٹر نے ہمارے سوال کے جواب میں الٹے تین سوال ہم پر ہی ڈال دیئے ۔ ویسے آج کل یہ تین کا ہندسہ بہت ہنگامہ مچا رہا ہے۔ چاہے وہ تین طلاق کا ہو یا تیسری دنیا کا حال ۔ خیر اس نے پوچھا کہ آپ کے خاندان میں بلکہ ددھیال میں کسی کو Cataract ہے تو ہم نے آنکھیں بند کر کے ددھیال اور ننھیال یعنی پورے خاندان کی آنکھوں کو چشمِ تصور سے ٹھیک اسی طرح کھنگالا جس طرح کسی اقلیتی طبقہ کے نوجوان کی گرفتاری پر پولیس اور پریس اس کی زندگی کو کھنگالتے ہیں لیکن کہیں کسی آنکھ میں نقص نظر نہیں آیا۔ کوئی نیتا یا پولیس آفیسر نہیں تھے کہ کچھ نہ ہونے پر بھی انکاؤنٹر کروادیں۔ ڈاکٹر کو سر ہلا کر نفی میں جواب دیا۔ پھر اس نے پوچھا کیا بچپن میں آپ گر گئی تھیں اور آنکھوں پر مار لگا تھا۔ ہم نے پھر سے دماغ کی بتی جلائی اور بچپن کے سفر پر نکل پڑے۔ ساری خاک چھان لی ۔ گلی ڈنڈا کھیلتے ہوئے تھوڈی پر لگے مار تو یاد آ گئے اور جھاڑ و پہاڑ چڑھتے وقت پیروں پر لگے مار سے بھی پالا پڑا۔ بس یاد نہ آیا تو یہی کہ کبھی ہماری آنکھوں پر بھی کوئی مار لگا ہو۔ ہمارا سر پھر نفی میں ہلا تو ڈاکٹر نے کچھ مشکوک نگاہوں سے ہمیں دیکھتے ہوئے پوچھا کہ بہن جی آپ نے اپنی عمر صحیح بتائی ہے نا۔ ہم نے سوچا جب جان ہی لیا ہے کہ ہم بہن جی ٹائپ ہیں تو پھر بہن جی کی طرح سیدھے سادھے ہی ہوں گے نا۔ تو بھلا غلط عمر کیوں بتائیں گے؟۔ تب ڈاکٹر نے پھر سے آنکھوں میں آنکھیں ڈال کر صد فیصد یقین سے کہا کہ آپ کا موتیا بہت پرانا لگتا ہے پیدائشی ہے۔ جی چاہا سر پیٹ لیں ۔ یہ بات وہ پہلے بھی بتا سکتا تھا ' خواہ مخواہ سوال پوچھے۔ ویسے دنیا میں ننانوے فیصد لوگوں کو دوسروں کی زندگی سے جڑے سوال پوچھنے کا بڑا شوق رہتا ہے۔ ایک اور منطقی نکتہ یہ بھی ذہن میں آیا کہ خدا نے کہیں ہماری بصارت سے اس لیے تو چھیڑ چھاڑ نہیں کی کہ وہ ہماری بصیرت میں اضافہ کرنا چاہتا ہے۔

نگہہ شوق کسی شئے پہ ٹھہرتی ہی نہیں
اس بصارت کو بصیرت نے کہیں کا نہ رکھا

پتہ نہیں کس شاعر نے یہ کہا ہے لیکن جب ہماری نگاہوں کا زاویہ بگڑا اور یہ پتہ چلا کہ بصیرت بھی بصارت کو متاثر کرتی ہے تو ہم نے بصارت کے قدرتی نقص کے ساتھ بصیرت کے فرضی نقص کو بھی اپنے اوپر لاگو کر لیا۔ آنکھوں نے تو دغا دے ہی دی تھی لیکن اس ایک کمی نے اپنے دماغ پر سے بھی ہمارا بھروسہ اٹھا دیا۔ اب

اگر کوئی چیز صاف نظر بھی آ جائے تو یہ لگتا ہے کہیں یہ ہمارا وہم تو نہیں۔

اب لوگ ہمیں لوازمات پیش کرتے وقت اس کی سجاوٹ پر اتنا دھیان نہیں دیتے ۔ انہیں لگتا ہے کہ جس کی آنکھوں میں کھوٹ ہو اس کے لیے سجاوٹ کیا معنی رکھتی ہے۔ ہمیں دال میں کالا نظر نہیں آتا پھر بھی ہم انہیں یہ بتانا چاہتے ہے کہ دال میں کالا دیکھنے کے لیے بصارت کی نہیں بصیرت کی ضرورت ہے۔ بہر کیف جو بھی ہوا ہم کو یہ بھی پتہ نہیں کہ اچھا ہوا یا بُرا ہوا۔ ایک عورت ہونے کے ناتے اس بات سے ضرور تکلیف ہوتی ہے کہ لوگ ان موتیوں کی وجہ سے ہماری عمر کا غلط اندازہ لگا رہے ہیں ورنہ بڑی عمر میں شادی رچانے کے بعد بھی ہمارے چہرے پر اتنی معصومیت تھی کہ لوگ ہمیں اپنی عمر سے سات آٹھ سال کم ہی سمجھتے تھے۔ اب پتہ نہیں اس میں ہماری ساس صاحبہ کا ہاتھ ہے یا ہمارے شوہر کا ساتھ ہے۔ یا شادی کے بعد گھریلو سیاست میں چھلانگ لگانے کی ہماری ناکام کوشش ۔ جس نے ہمارے چہرے سے معصومیت کا غازہ مٹا دیا۔ پھر بھی اب بہت سے لوگ ہمیں اپنی عمر سے دو چار برس کم ہی سمجھتے ہیں۔ لیکن ان موتیوں نے تو خواہ مخواہ ہی ہمیں اپنی اصلی عمر سے بڑا بنا دیا۔ اب لوگ سوچتے ہیں موتیا بند تو کم عمری میں نہیں ہوتا شائد اس کی عمر ہی............... اب اس سے آگے کہنے کی ہم ہمت نہیں رکھتے۔

اب تک کالی رنگت والی ہماری پتلیاں آنکھوں کی سفیدی پر راج کرتی تھیں، ان کا ماننا تھا کہ ہم کالے ہیں تو کیا ہوا نظر دینے والے ہیں۔ دودھ کی سی سفیدی ہماری کالی پتلیوں کے بنا بے معنی ہے تو شاید ہماری آنکھوں کی سفیدی کے دل کی آہ اور موتیوں جیسے اشک نے تڑپ کر دعا کی ہوگی' اس لیے کالی رنگت والی پتلیو ں پر بالآخر سفید رنگت والے موتیوں نے قبضہ کر لیا اور کالی رنگت کو یہ احساس دلا دیا کہ ہم چاہیں تو تمہارا بھی منہ کالا کر سکتے ہیں۔۔

☆......○......☆

مقبول رضوی
امریکہ

سلام طلب

سلام ایک دعائیہ کلمہ ہے ۔مختلف قوموں میں سلام کے مختلف طریقے ہیں ۔ ہندو چونکہ پاؤں چھونے یا پاؤں پر سر رکھ دینے کو احترام کی معراج سمجھتے ہیں اس لیے نمسکار یا نمستے کرتے ہیں ۔ جس کے معنی ہی سر جھکانے کے ہیں ۔سکھ ست سری اکال کہتے ہیں ، عیسائیوں کے ہاں صبح ، دوپہر ، شام کے لیے الگ الگ نوعیت کا سلام ہوتا ہے ۔جیسے گڈ مارننگ ، گڈ آفٹر نون ، گڈ ایوننگ اور رات سوتے وقت رخصتی سلام گڈ نائٹ ۔مسلمانوں میں السلام علیکم ۔مگر بہت کم مسلمان پوری طرح السلام علیکم کہتے ہیں بیشتر حضرات سام علیکم بلکہ اسام علیکم (جس کے معنی ہیں تم برباد ہوجاؤ ،تم پر موت طاری ہو) بعض لوگ آداب ،تسلیم ،تسلیمات ، بندگی جیسے الفاظ ادا کرتے ہیں ۔ یہ لکھنوی تہذیب کی دین ہے ۔جس کا اسلام سے کوئی تعلق نہیں ۔ اپنا ہو یا کسی کا بھی گھر ہو سلام کرکے داخل ہونا ضروری ہے ۔اسی طرح گھر سے جاتے ہوئے بھی گھر والوں کو سلام کر کے رخصت ہونا چاہئے ۔

عام رواج یہ ہوگیا ہے کہ ہر شخص دوسرے سے سلام کی توقع کرتا ہے ۔ سلامتی کی دعا بزرگوں کی طرف سے کم عمروں کو ملنی چاہیےمگر ہر بزرگ یہ امید کرتا ہے کہ اس سے کم رتبہ وکم عمر آدمی کی ذمہ داری ہے کہ وہ انہیں سلامتی کی دعا دے بلکہ ایسا نہ کرنے پر اسے ڈانٹتے بھی ہیں ۔سلام میں پہل کرنے کے احکام ہیں ۔ اگر کوئی بزرگ کسی بچے کو سلام کرے تو بچے کو بڑی شرمندگی ہوتی ہے کہ اس سے سلام میں پہل کرنے میں غفلت ہوگئی ۔اس طرح اس بچے کی تربیت ہوجاتی ہے ۔آئندہ وہ فوراً کرتا ہے ۔۔

مقدس مقام یا کسی بزرگ یا کسی خاتون کو مغربی قوم کے بعض مہذب افراد ہیٹ اتار کر سلام کرتے ہیں ۔مگر انڈیا میں مقدس مقامات پر لوگ جوتے اتار لیتے ہیں ۔اسی صورت حال کا نقشہ کھینچتے ہوئے اکبرالہ آبادی نے بطور طنز کہا' وہاں ٹوپی اترتی ہے یہاں جوتا اترتا ہے'۔

بعض مشائخ کا یہ حال ہے کہ وہ کبھی کسی کو سلام نہیں کرتے ۔ وعلیکم السلام بھی نہیں کہتے ۔وہ چاہتے ہیں کہ لوگ ہی انہیں سلام کریں اور وہ صرف سر کی ہلکی سی جنبش سے جواب دیا کرتے ہیں ، بلکہ کچھ حضرات صرف آنکھ اٹھا کر ہی نمٹا دیا کرتے ہیں ۔اگر کوئی جسارت سے کام لے کر ہاتھ چومنے کے لیے آگے بڑھ جائے تو وہ اپنا ہاتھ بڑی سرد مہری سے آگے کرتے ہیں ۔اس ہاتھ میں حرکت کم ہی ہوتی ہے گویا بادل نخواستہ اک رسم کی تکمیل کی جاتی ہے ۔ ہاتھ چومنے والے کو لگتا ہے وہ کسی آں جہانی کا بے جان ہاتھ چوم رہا ہے ۔ مشائخ سے مصافحہ کرنے کا تو سوال ہی پیدا نہیں ہوتا ۔اتنی ہمت کوئی نہیں کرسکتا ۔

پولیس والا اپنے سے بڑے آفیسر کو سلوٹ کرتا ہے اور ہر کس و ناکس کو سلام کرواتا ہے ۔لوگ مروتاً یا ضرورتاً اسے سلام کرتے ہیں ۔ مجرم وملزم اور ان کے عزیز و اقارب تو مجبوراً اسے سلام کرتے رہتے ہیں ۔غرض مند جو ہوتے ہیں ۔

کسی بھی محکمے کا کوئی بھی چھوٹے درجے کا ملازم چپراسی ، پیون وغیرہ کسی کو سلام نہیں کرتا ۔صرف اسی شخص کو سلام کرتا ہے جس سے اس کی کوئی نہ کوئی غرض وابستہ ہوتی ہے ۔عدالت کے چپراسی کو تو سبھی سلام کرتے ہیں ۔ وہ رشوت اور سلام وصول کرنا اپنا حق سمجھتا ہے ۔ اسکول ، کالج ، یونیورسٹی کے درجہ چہارم

ملازمین کا یہی حال ہے کہ یہ لوگ صرف وقت ضرورت ہی سلام کرتے ہیں ۔ ایک عید کے موقع پر درجۂ چہارم کے ملازمین جو سال بھر کبھی کسی کو سلام نہیں کرتے ، ایک کاغذ پر' عید مبارک' لکھ کر تمام ملازمین کی خدمت میں حاضر ہوئے اس توقع پر کہ لکچرر صاحبان سو پچاس روپے بطور عیدی اس کاغذ پر لکھ کر انہیں دے دیں گے ۔ ایک لکچرر صاحب نے اس کاغذ پر' آپ کو بھی عید مبارک' لکھ کر کاغذ لوٹا دیا۔۔

اب دوست سے غرض ہے نہ دشمن سے کام ہے
دونوں کو دونوں ہاتھوں سے اپنا سلام ہے

ہم نے دیکھا کہ ایک محکمے کے بیشتر کلرک ایک چپراسی کو سلام کیا کرتے ہیں ۔ تحقیق پر پتہ چلا کہ وہ چپراسی وقت ضرورت کلرکوں کو سود پر قرض دیا کرتا ہے۔۔

ایک دوست انڈیا سے اپنی بیوی کو امریکہ لائے ۔ ساڑی بلوز میں ملبوس ، کانوں اور گلے میں زیور ، ہاتھوں میں کڑے پہنی ہوئی عورت نے جھک کر ہمیں سلام کیا ۔ وہی خاتون کچھ دنوں بعد ملی تو جینس ، جاکیٹ میں تھی ۔ ہاتھ پاؤں میں یا گلے میں کسی قسم کا زیور بھی نہیں تھا اور اس نے ہمیں مخاطب کر کے بڑے ناز سے کہا' ہلو مسٹر رضوی' ۔

بعض لوگوں کو ہم نے دیکھا کہ سیدھے ہاتھ کی انگلیاں ناک میں داخل کرتے رہتے ہیں ، کبھی کان میں انگلی کرتے ہیں کبھی کھجاتے ہیں کبھی ناک صاف کرتے ہیں اور پھر اسی ہاتھ سے سلام کر کے مصافحے کے لیے بھی ہاتھ بڑھا دیتے ہیں ۔ ظاہر ہے ایسے لوگوں سے ہم ہاتھ کہاں ملا سکیں گے ۔ ہم انجان ہوجاتے ہیں ۔ ایک صاحب گھور گھور کر ہمیں سلام طلب نگاہوں سے دیکھتے ہیں ۔ مگر ہم انہیں نظر انداز کر دیا کرتے ہیں ۔ ہمارا نفس ایسے لوگوں کو سلام کرنے پر آمادہ نہیں ہوتا۔۔

ایک صاحب کو دیکھا کہ وہ نماز پڑھتے ہوئے اِدھر اُدھر دیکھ رہے ہیں ۔ رکعت باندھے ہوئے جب ہمیں دیکھا تو ہم نے فوراً سلام کر ڈالا ۔ پتہ نہیں وہ شرمندہ بھی ہوئے کہ نہیں مگر سلام پھیرنے کے بعد ہم سے کہا کہ وہ نماز ادا کر رہے تھے ۔ ہم نے کہا کہ آپ ہمیں دیکھ رہے تھے اور ہم نگاہ ملتے ہی فوراً سلام کر دینے کے عادی ہیں اسی لیے سلام کر ڈالا ۔ ہمارے سلام کے جواب کا قرض آپ پر باقی ہے ۔۔

انڈیا میں کار آج بھی عام آدمی کے پاس نہیں ہے ۔ جب کبھی کوئی کارنشین ہوجاتا ہے اس کے تیور الگ ہوجاتے ہیں ۔ ایک لنگڑے صاحب ہمیں کبھی سلام نہیں کرتے تھے مگر ایک مرتبہ وہ کار چلاتے ہوئے جا رہے تھے ۔ خاص طور پر پکار کر ہمیں سلام کیا ۔ کار چلانے والے جب سلام کرتے ہیں تو وہ یہ بتانا چاہتے ہیں کہ وہ' اہل کار' ہوگئے ہیں ۔ اللہ معلوم کیسی کیسی کارستانیوں سے کار حاصل کی ۔

ایک بار ایک ایسے صاحب نے ہمیں سلام کیا جن سے سلام و دعا نہیں تھی ۔ قریب آ کر کہنے لگے کہ وہ حج کے لیے نکلنے والے ہیں ۔ دعا فرمایئے ۔ ہم نے کہا بھیا دعا تو آپ کیجئے ۔۔

پرانے زمانے کے بزرگوں کے احترام وحد وادب کا یہ عالم تھا کہ اگر کسی آفیسر کا فون آجاتا تو وہ فون کے چونگے (ریسیور) کے آگے ہی کورنش بجالاتے ہوئے کہتے' آداب بجا لاتا ہوں سرکار' اور کھڑے ہوجاتے گویا وہ آفیسر فون ہی پر ان کو دیکھ رہا ہے ۔ آج ویڈیو فون پر بات کرتے ہوئے پتہ نہیں وہ کیا کر گزرتے ۔۔

ہم جب عثمانیہ یونیورسٹی میں تاریخ سے ایم اے کر رہے تھے تو شاذ تمکنت بھی اردو سے ایم اے کر رہے تھے ۔ شاذ تمکنت کے قریبی ساتھی اور ہم مشرب نے شاذ کی شرارتوں کے بارے میں خاکہ لکھا کہ وہ لڑکپن میں سیکل چلاتے ہوئے مخالف سمت سے آنے والے کو دیکھ کر پیشانی تک ہاتھ لے جاتے یا سر کھجانے لگتے ۔ وہ شخص سمجھتا کہ شاذ سلام کر رہے ہیں وہ وعلیکم السلام کہتا تو شاذ بھی وعلیکم السلام کہہ کر ہنستے ہوئے آگے بڑھ جاتے تھے ۔۔

ہم نے اکثر دیکھا ہے کہ داڑھی والے صرف داڑھی والوں ہی کو سلام کیا کرتے ہیں جب کہ فراخ دل بغیر داڑھی والے آپس

میں بھلے ہی سلام نہ کرلیں مگر داڑھی والوں کو ضرور سلام کردیا کرتے ہیں۔

ہم ایک دوست کے گھر گئے تھے انہوں نے اپنے دو ڈھائی سالہ بیٹے سے کہا 'بیٹے انکل کو آنکھ مارو'۔ لڑکا ایک آنکھ بند کر کے ہم سے داد طلب ہوا ہم نے دوست سے کہا 'یار بچے کو سلام سکھایا جاتا ہے۔تم نے ابھی سے اسے آنکھ مارنا سکھادیا'۔ اس نے کہا بچے کو سلام کرنا بھی آتا ہے۔اس نے بیٹے سے کہا 'بیٹے انکل کو سلام کرو' لڑکا کچھ سمجھ نہ سکا۔ اِدھر اُدھر دیکھنے لگا۔ اسے سلام سکھایا ہی نہیں گیا تھا تو وہ کیا کرتا۔۔

لیڈر جسے انڈیا میں نیتا کہا جاتا ہے وہ صرف اپنے سے بڑے نیتا ہی کو سلام کرتا اور جنتا اس کو سلام کرتی ہے۔ البتہ انتخابات کے زمانے میں وہ دونوں ہاتھ جوڑ جوڑ کر ہر کس و ناکس کو نہ صرف سلام کرتا ہے بلکہ چھوٹی ذات کے بچوں ،عورتوں کے ساتھ زمین پر بیٹھ کر کھانا بھی کھالیتا ہے تاکہ اگلی بار بھی وہ کرسی پر بیٹھ سکے۔۔

انڈیا میں بعض غیور غریب مر جاتے ہیں مگر مانگتے نہیں اور بعض مانگنے میں مرے جاتے ہیں ۔ ہمارے ایک پڑوسی اکثر بچوں کو ہمارے گھر بھیج کر کچھ نہ کچھ منگواتے ہی رہتے تھے۔ بچہ یا بچی آتی اور ہماری امی سے کہتی 'بی بی۔ ہماری اماں نے سلام کہا ہے اور سالن منگوایا ہے'۔ اماں نے سلام کہا ہے اور تھوڑا چاول منگوایا ہے' اماں نے سلام کہا ہے اور تھوڑا آٹا منگوایا ہے'۔ وغیرہ وغیرہ۔ عالم یہ ہوگیا کہ جب کوئی بچہ یا بچی ہمارے گھر آکر کہتی کہ 'اماں نے سلام کہا ہے......' تو اس کا جملہ پورا ہونے سے پہلے ہی ہمارا نوکر کہہ دیا کرتا تھا 'نہیں ہے بول دو......''۔

ہم بے دلیل و بے جواز نہ کوئی بات کرتے ہیں نہ سننا چاہتے ہیں پھر بھی جب کچھ لوگ کٹ حجتی پر تل جاتے ہیں تو قرآنی فارمولا اپناتے ہیں یعنے 'قالوا سلاما'۔۔

مرزا غالبؔ نے القاب و آداب سے ہاتھ اٹھا لیے تھے انہوں نے سلام سے بھی دست برداری اختیار کرلی۔ باور نہ آئے تو زن مرید بنے بھائی کے خطوط اپنی بیوی رضیہ سجاد ظہیر کے نام' نقوش زنداں' میں دیکھ لیجئے۔ پتی ورتا صفیہ اختر کے خطوط جاں نثار اختر کے نام' زیرلب' پڑھ لیجئے۔ معین احسن جذبی کے خطوط مدیر نقوش محمد طفیل کے نام تحقیق نامہ میں دیکھ لیجئے۔اس معاملے میں مظفر حنفی بھی ترقی پسند ہی ہیں۔

یہ چند مثالیں ہم نے نموںتاً گنائی ہیں ورنہ تقریبا بیشتر نام نہاد ادیبوں کا یہی حال ہے۔معاف کرنا۔مضمون طویل ہوگیا ہے۔

السلام علیکم۔اللہ حافظ......

☆......○......☆

ڈاکٹر محبوب حسن
نئی دہلی

''ٹنڈے کباب'' کی یاد میں

لکھنؤ کے ''ٹنڈے کباب'' میں کباب اگر جسم ہے تو ٹنڈے اس کی روح۔ دونوں میں جسم و جاں کا رشتہ ہے۔ لیلیٰ مجنوں اور شیریں فرہاد کی طرح ''ٹنڈے کباب'' کے درمیان بھی ایک ازلی رشتہ ہے۔ ''ٹنڈے کباب'' پر ٹیڑھی نظر ڈالنا لکھنوی تہذیب کی شان میں عین گستاخی ہے۔ ''ٹنڈے کباب'' اپنی سیرت وصورت دونوں اعتبار سے قابلِ رشک ہے۔ اس کے تقدس کی تفہیم کے لیے بصیرت اور بصارت کی نظر درکار ہے۔ ''ٹنڈے کباب'' کے دیدارِ محض سے سطحِ ایمان میں اضافہ ہوتا ہے۔ ''ٹنڈے کباب'' کے سامنے شیراز کے میخانے اور خیّام کی رباعیاں بے اثر ہیں۔ اس میں کوثر وتسنیم کی پاکی اور کوہِ قاف کا حسن موجود ہے۔

سرزمینِ لکھنؤ پر قدم رکھنا اگر فرض ہے، تو ''ٹنڈے کباب'' سے لطف اندوز ہونا مباح قرار پاتا ہے۔ اسی لیے لکھنؤ آنے والا ہر خاص و عام ''ٹنڈے کباب'' کو سلام عقیدت پیش کرنا عین سعادت مندی تصور کرتا ہے۔ اس سے محرومی پر فرشتے ملول ہوتے ہیں۔ اہلِ لکھنؤ کے نزدیک ''ٹنڈے کباب'' توشۂ آخرت ہے۔ ان کا عقیدہ ہے کہ ''ٹنڈے کباب'' کی برکت سے گناہِ صغیرہ سوکھے ہوئے پتوں کی طرح جھڑ جائیں گے۔ اس کی سماجی وتہذیبی اہمیت کا اندازہ اس شہرِ نشاط میں درپیش اس واقعے سے بھی لگایا جا سکتا ہے کہ ایک دفعہ حسب وعدہ باراتیوں کی خاطر تواضع میں ''ٹنڈے کباب'' کا اہتمام نہ ہونے سے دولہے نے عین موقع پر نکاح سے انکار کر دیا۔ ''ٹنڈے کباب'' سے خاکسار کا رشتہ روحانی نوعیت کا ہے۔ میرا عقیدہ ہے کہ وصالِ عشق کی موت ہے۔ اس لیے دل میں جب بھی ''ٹنڈے کباب'' کی تمنائیں جاگتی ہیں تو اس کا ورد شروع کر دیتا ہوں۔ اس عملِ بابرکت سے ''ٹنڈے کباب'' کی روحانی خوشبو دل و دماغ میں رچ بس جاتی ہے۔ یعنی عشق میں اگر گرمی ہو تو ہجر میں بھی وصال کا لطف آتا ہے۔

قصہ کچھ یوں ہے کہ لکھنؤ میں ایک بزرگ نواب صاحب ہوا کرتے تھے۔ ان کی بتیسی جھڑ چکی تھی لیکن حضرت کباب کے بہت شوقین تھے۔ لہٰذا انہوں نے کبابیوں کے درمیان مقابلہ آرائی کا اعلان کیا۔ شہر در شہر سے کبابیے جوق در جوق شاہی دربار میں جمع ہوئے۔ انواع واقسام کے کباب تیار کیے گئے۔ دربار کی پوری فضا کباب کی خوشبو سے مہک اٹھی۔ کبابیوں نے اپنے اپنے کباب ترتیب سے میز پر سجا دیے۔ نواب نے باری باری سے سب کے کباب چکھے۔ نواب کو حاجی مستان علی کا گلاوٹی کباب بہ شکل شامی کباب بے حد پسند آیا۔ حاجی مستان علی کو انعام واکرام سے نوازا گیا۔ عزت افزائی کے بعد انہوں نے لکھنؤ میں کباب کی دکان کھول لی۔ ان کے کباب کی شہرت جلد ہی دور دور تک پھیل گئی۔ بہت سے کبابیوں نے ان کی نقل کرنے کی کوشش کی لیکن ناکام رہے کیوں کہ ایک سو بارہ قسم کے مسالے کہاں سے لاتے؟ حاجی مستان علی کو پتنگ بازی کا بھی شوق تھا۔ بدقسمتی کہیے کہ ایک روز پتنگ اڑاتے ہوئے چھت سے نیچے آن پڑے اور ایک ہاتھ تڑوا بیٹھے۔ اس حادثے کے بعد حاجی مستان علی ٹنڈے میاں اور ان کا کباب ''ٹنڈے کباب'' کے نام سے مشہور ہوا۔ ''ٹنڈے کباب'' کی زلف عنبریں کو سنوارنے میں ان کی کئی

پشتیں گزر گئیں۔

ویسے تو لکھنوی ''ٹنڈے کباب'' کی شہرت سرحدوں میں قید نہیں۔اس کی لذت وخوشبو تو عرشِ تک پہنچتی ہے۔لیکن آج کل اس کا چرچہ ملک کے ہر کوچہ و بازار میں ہے۔کیوں کہ لکھنوی ''ٹنڈے کباب'' ان دنوں طوفان کی زد میں ہے۔کم وبیش گزشتہ سو برسوں میں ''ٹنڈے کباب'' پہلی دفعہ فاقہ کشی کا شکار ہوا ہے۔یہ سچ ہے کہ ''ٹنڈے کباب'' پر سیاسی گرہن لگا ہوا ہے۔ارے بھائی! گرہن تو چاند اور سورج کو بھی لگتا ہے۔در اصل زوال عروج کا مقدر ہے۔جب لکھنوی حکومت کا سورج ڈھل گیا تو ''ٹنڈے کباب'' کی کیا بساط؟ ملک کے مختلف حصوں سے ''ٹنڈے کباب'' کی تعزیتی خبریں موصول ہو رہی ہیں۔خاص طور پر لکھنؤ میں توصف ماتم بچھی ہوئی ہے۔بعض صاحبان کا خیال ہے کہ ''ٹنڈے کباب'' کے دم پر ہی لکھنوی تہذیب زندہ تھی۔لیکن اب چراغوں میں روشنی نہ رہی:

محفلیں اب کہاں نوابوں کی
صحبتیں اب کہاں جنابوں کی
کھینچ لاتی ہے لکھنؤ ہم کو
ٹنڈے خوشبو تیرے کبابوں کی

خدا ''ٹنڈے کباب'' کو ہر بلا سے محفوظ رکھے!!!! ایسے مایوس کن حالات میں ''ٹنڈے کباب'' کے حق میں دعائیں ضروری ہیں۔''ٹنڈے کباب'' پر قہر نازل ہوتے ہی لکھنوی تہذیب کا آخری ستون بھی گر پڑا۔درحقیقت اس کے ذکر کے بغیر اودھ اور اس کی تہذیبی تاریخ ادھوری ہے۔اس ستم ظریفی پر شہر کا ذرہ ذرہ اداس ہے۔امام باڑوں میں ماہِ محرم کی فضا طاری ہے۔لکھنو کا دسترخوان اجڑ سا گیا ہے۔عیش وعشرت اور عیش ونشاط کا یہ شہر سائیں سائیں کر رہا ہے۔یہاں کی رونقیں، چہل پہل، ریل پیل سب کچھ غائب ہے۔

کبھی نخاس اور امین آباد کے علاقوں میں انسانوں کا جم غفیر موجود ہوتا تھا۔جہاں ہوائیں بھی مشکل سے گزر پاتی تھیں۔بدن سے بدن چھلتا تھا لیکن اب ہر طرف سناٹا ہی سناٹا۔جیسے گلیوں، بازاروں اور کوچوں میں بیوگی طاری ہو۔جیسے پورا شہر روٹھ گیا ہو۔کبھی لکھنؤ کی شامیں رومانی ہوا کرتی تھیں۔شب وصال کے سامنے شب فراق دھول چاٹتی پھرتی تھی۔مے خانوں سے زیادہ کباب خانوں میں رونق رہتی تھی لیکن اب ٹنڈے کباب کے فراق میں لکھنؤ کا حال کچھ یوں ہے۔بقول میر:

شام ہی سے بجھا سا رہتا ہے
دل ہوا ہے چراغ مفلس کا

''ٹنڈے کباب'' کے ہجر میں اس کے عاشق، بیمار بیمار سے نظر آتے ہیں۔اس سے بے پناہ چاہت و رغبت رکھنے والے دیوانوں کی نوک زباں پر صرف یہی نغمہ ہے کہ ''تیرا جانا ارمانوں کا لٹ جانا''۔اس شمع فروزاں کے ذکر کے سبب ان کی زبانیں گھس گئی ہیں۔عاشقوں کے ساتھ ساتھ کبابیوں میں بھی غم و اداسی کی لہر سی دوڑی ہوئی ہے۔کبابیے ''ٹنڈے کباب'' کی یاد کو تازہ رکھنے کے لیے مرغ، انڈے اور سبزی کا سہارا لے رہے ہیں۔لیکن گوشتِ معظم کے بغیر ''ٹنڈے کباب'' کا وجود پارہ پارہ ہو گیا ہے۔۔

مذکورہ اشیا کے بنے ہوئے ٹنڈے میں وہ بات کہاں؟ نہ لطافت، نہ نزاکت، نہ لذت، نہ حدت۔بس ایک رسمِ واجبی سی پوری ہو رہی ہے۔خدا معاف کرے! یہ تو ''ٹنڈے کباب'' کی شان میں سراسر گستاخی اور بے ادبی ہے۔دکانوں کے باہر ''ٹنڈے کباب'' کی جگہ ''مرغ کباب'' ''انڈے کباب'' اور ''سبزی کباب'' کی تختیاں لگا ئی گئی ہیں۔در اصل یہ تختیاں داستان معلوم ہوئی ہے۔لیکن اس کا ایک مثبت پہلو یہ ہے کہ شاید کوئی نیا نسخہ ہاتھ لگ جائے۔

بعض دکانوں پر جلی حروف میں فیض کی نظم ''مجھ سے پہلی سی محبت میرے محبوب نہ مانگ'' چسپاں کی گئی ہے۔لیکن داغ داغ اجالا اور شب گزیدہ سحر دیکھ کر عاشقوں کو یک گونہ سکون میسر نہیں۔انھیں سفینۂ غمِ دل کے رک جانے کا شدت سے انتظار

ہے۔قوی امید ہے کہ ''ٹنڈے کباب'' پر چھائے ہوئے سیاسی بادل جلد ہی چھٹ جائیں گے۔کیوں کہ ''ٹنڈے کباب'' کے پروانوں کا یقین ہے کہ ''لمبی ہے غم کی شام مگر شام ہی تو ہے''۔

گزشتہ جمعرات کی شب اکبری گیٹ پر ''کبابی مشاعرہ'' کے نام سے ایک شاندار شعری نشست کا انعقاد ہوا۔اس تقریب میں سرزمین لکھنؤ کے نامی گرامی شاعروشاعرات جمع ہوئے۔مشاعرے کا ہجوم ایسا کہ سامعین کو مجبوراً امام باڑے کی چھت پر چڑھنا پڑا۔لوگ مکھیوں کی طرح ایک دوسرے سے چپک چپک کر بیٹھے تھے۔در اصل یہ ہجوم ''ٹنڈے کباب'' کی شان وعظمت کی گواہی دے رہا تھا۔کسی نے ''ٹنڈے کباب'' کی شان وعظمت میں قصیدے پڑھے تو کسی نے اس کی خستہ حالی کا مرثیہ سنایا۔مخمل بربادی نامی ایک شاعر نے شہر آشوب کے پردے میں لکھنؤ کے تہذیبی وتمدنی زوال کی داستان پیش کی۔ انصاف کی بات ہے کہ اردو داں حضرات کو''ٹنڈے کباب اور عصری مسائل'' کے موضوع پر آناً فاناً ایک کل ہند سیمینار منعقد کرنا چاہیے۔کیوں کہ اردو کے بیشتر کلاسیکی شعرانے کباب،شراب اور شباب کے سہارے ہی اپنا شعری لقمہ توڑا ہے۔

میر جیسے عظیم المرتبت شاعر نے بھی اپنی ایک مشہور غزل کی بنیاد کباب،شراب، شباب،حجاب، اضطراب اور خراب جیسے قوافی پر رکھی ہے۔اس غزل کا ایک شعر ملاحظہ ہو۔''داغ رہنا دل وجگر کا دیکھ / جلتے ہیں اس طرح کباب کہاں'' یعنی وہ کباب کے بغیر اپنے دل وجگر کی سوزش وجلن سے پردہ اٹھانے سے قاصر ہیں۔ بہرحال مشاعرے میں ''ٹنڈے کباب زندہ باد'' کے فلک شگاف نعرے بھی لگائے گئے۔۔

قابل ذکر بات یہ ہے کہ مٹن تکہ،چکن تکہ،مٹن بریانی،چکن بریانی،مٹن قورمہ،چکن قورمہ جیسی مرغن غذائیں ''ٹنڈے کباب'' کے خلا کو پر کرنے میں ناکام ہیں۔لیکن اس قدر ہائے توبہ مچانا بھی مناسب نہیں۔اپنے اندر صبر ایوبی پیدا کرنے کی ضرورت ہے۔''ٹنڈے کباب'' کی حالت زار دیکھ کر ''حیدرآبادی پایہ'' اور'' مرادآبادی بریانی'' بھی خوف زدہ ہیں۔انھیں فکر ہے کہ جانے کب سیاست کی برچھیاں ان کے سینے میں بھی اتار دی جائیں۔

توجہ طلب ہے کہ پرانی دہلی کے معروف حکیم ہمدرد صاحب نزلہ اور پرانی کھانسی جیسی جاں گداز بیماریوں سے نجات کے لیے حیدرآبادی پایہ تجویز کرتے تھے۔تحقیق طلب نکتہ ہے کہ ''ٹنڈے کباب'' کسی بیماری کی دوا ہے کہ نہیں لیکن یہ تو جگ ظاہر ہے کہ اس کے ہجروفراق میں عاشقوں کی ایک بڑی جماعت بیمار ضرور ہوگئی ہے۔اب تو بس یہی التجا ہے کہ:

گلوں میں رنگ بھرے باد نو بہار چلے
چلے بھی آؤ کہ گلشن کا کاروبار چلے

☆……○……☆

ڈاکٹر ایس ایم معین قریشی
کراچی (پاکستان)

شاعری __ سچ کا مرقع یا جھوٹ کا پلندہ؟

شعرا حضرات اپنے فن پر ناز کرتے ہیں اور نثر نگاری کو ایک بے کار مشغلہ سمجھتے ہیں۔ چنانچہ ہمارے عہد کے ایک معتبر شاعر نے کہا تھا

کیا نثر میں رکھا ہے ، جز مدح و ثنا محسنؔ
اب کام کی باتیں بھی اشعار سے ملتی ہیں
(محسنؔ بھوپالی)

ایک اور نام ور شاعر (قتیلؔ شفائی) کا دعویٰ تھا ۔

جب میری زباں ڈولتی ہے
شاعری سچ بولتی ہے

شاعری کے مقابلے میں نثر کی تعریف یا دفاع اس وقت ہمارا موضوع نہیں البتہ اگر سچ سے مراد حیران کن ، انہونی اور نا قابلِ یقین باتوں کا ابلاغ ہے تو بے شک شاعری ''سچ کا مرقع'' ہے ورنہ ایک عام قاری کے نقطۂ نظر سے درحقیقت یہ جھوٹ کا پُلندہ ہے ۔ اول تو ''صنعتِ مبالغہ'' کی آڑ میں شعرا ، رائی کا پہاڑ بنا نے کا لائسنس حاصل کر لیتے ہیں۔ پھر یہ بھی دیکھنے میں آیا کہ اُن کی غلط بیانیاں گُمان و گیان کی سب حدوں کو پار کر جاتی ہیں ، یہاں تک کہ وہ موت جیسی اٹل اور آفاقی حقیقت کو بھی اپنے زورِ بیان سے تماشا بنا دیتے ہیں۔ موت کے آتے ہی انسان کی زندگی کا خاتمہ ہو جاتا ہے اور کاروبارِ حیات کو قفل لگ جاتا ہے لیکن شاعر کوئی معمولی مخلوق نہیں۔ وہ مرنے کے بعد بھی نہ صرف پَٹ پَٹ بولتا رہتا ہے بلکہ زندہ لوگوں سے زیادہ ''فنکشنل'' ہو جاتا ہے۔ ہم جیسے ظاہر بیں شخص کی سمجھ میں آج تک یہ نہیں آیا کہ غالبؔ نے محبوب کے ہاتھوں اپنے خونِ ناحق کے بعد اُس بے وفا کے ردِ عمل کا مشاہدہ کس طرح کر لیا تھا جو یہ شعر کہا

کی مرے قتل کے بعد اس نے جفا سے توبہ
ہائے اس زُود پشیماں کا پشیماں ہونا

مومنؔ نے بھی اپنے قاتل کی پشیمانی بچشمِ خود ملاحظہ کر لی اور پھر اظہارِ افسوس کیا

وہ آئے ہیں پشیماں لاش پر اب
تجھے اے زندگی لاؤں کہاں سے

مصحفیؔ نے اپنے قتل پر محبوب کے خلاف کوئی ایف۔آئی۔آر کٹوانے کے بجائے خود اس کے حضور یہ ہلکا سا احتجاج ریکارڈ کرایا۔

کیوں مصحفیؔ خستہ کے تئیں تو نے کیا قتل
کیا سیکڑوں عاشق میں گنہ گار یہی تھا

ایک مقتول نے اپنے بے حس اور سفاک محبوب کے تجاہل عارفانہ پر چوٹ کی ۔

نعش میری دیکھ کے مقتل میں یوں کہنے لگے
کچھ تو یہ صورت نظر آتی ہے پہچانی ہوئی
(محمد اسحاق امیر خان انجامؔ)

حضرتِ داغؔ لگی لپٹی نہیں رکھتے تھے۔وہ کھری بات کہنے کے عادی تھے۔انہوں نے اپنے قاتل محبوب کی مکّاری اور شعبدہ بازی کا بھانڈا یوں پھوڑا

وہ قتل کر کے مجھے ہر کسی سے پوچھتے ہیں
یہ کام کس نے کیا ہے ، یہ کام کس کا تھا ؟

صورت حال اُس وقت بڑی گمبھیر ہو گئی جب لاش پر محبوب

کی آمد کے موقع پر مقتول اُس کی تعظیم میں کھڑا ہو گیا۔ بغیر عیسیٰ کے یہ معجزہ کس طرح وقوع پذیر ہوا، اس سے قطع نظر یہ دیکھیے کہ آنے والے پر کیا بیتی۔ داغؔ نے اس کی منظر کشی بھی کر دی ۔

میت پہ میری آ کے دل اُن کا دہل گیا
تعظیم کو جو لاش مری اُٹھ کھڑی ہوئی

انتقال کے بعد شاعر اپنی آخری رسوم کا تحریری ریکارڈ بھی محفوظ کر لیتا ہے ۔ فانیؔ نے دو اشعار میں اپنے سفرِ آخرت کا حال رقم کرتے ہوئے ظالم محبوب کے ضمیر کو کچوکے لگائے ۔

سنے جاتے نہ تھے تم سے، مرے دن رات کے شکوے
کفن سرکاؤ، میری بے زبانی دیکھتے جاؤ
وہ اٹھا شورِ ماتم ، آخری دیدارِ میّت کا
اب اٹھا چاہتی ہے نعشِ فانیؔ دیکھتے جاؤ

یہ ذہن میں رکھتے ہوئے کہ ''شاعری سچ بولتی ہے'' قبیلہء شعرا کے ایک اور معزز رُکن (سیمابؔ اکبر آبادی) کا طرزِ عمل ملاحظہ فرمائیں ۔ جب اُن کی میّت تیار ہوگئی لیکن تدفین میں تاخیر ہونے لگی (جو خلافِ شرع ہے) تو مرحوم خود کفن میں سے پکار اٹھے

فضا خموش، اعزا نڈھال، تم محتاط
کوئی ہمارا جنازہ اٹھائے گا کہ نہیں؟

ایک دوسرے شاعر (شعیبؔ بن عزیز) نے اپنی تدفین میں غیر معمولی تاخیر پر اظہارِ تشویش کرتے ہوئے کہا ۔

یہ ترے دوست تجھے دفن کیوں نہیں کرتے
شعیبؔ فوت ہوئے تجھ کو اک زمانہ ہوا

ایک خوددار شاعر نے اس سلسلے میں کسی کا احسان اپنے سر نہیں لیا۔ انہوں نے اپنی مدد آپ کے اصول پر عمل کیا جیسا کہ اس شعر سے پتا چلتا ہے ۔

تمہیں خبر بھی ہے یارو کہ دشتِ غربت میں
ہم اپنا آپ جنازہ اُٹھائے پھرتے ہیں
(قابلؔ اجمیری)

مومنؔ اس لحاظ سے خوش قسمت ثابت ہوئے کہ تجہیز و تکفین کے انتظامات احباب نے کر دیے تھے لیکن انہوں نے بلا وجہ ایک ''فنی مسئلہ'' کھڑا کر دیا ۔

خاک میں مل جائے یارب بے کسی کی آبرو
غیر میری نعش کے ہمراہ روتا جائے ہے

ایک مرحوم شاعر کو غسل کے بعد کفنایا جا رہا تھا تو انہیں ایک ضروری کام یاد آ گیا۔ انہوں نے تکفین کرنے والوں کو مخاطب کیا ۔

میرے کفن کے بند ، نہ باندھو ابھی مجھے
ملنا ہے ایک شخص سے بانہیں نکال کر
(شبیر نازشؔ)

جب میّت کو مرقد کی طرف لے جانے لگتے ہیں تو مجمع بتدریج بڑھتا رہتا ہے۔ اب جیسا کہ قاعدہ ہے ،بوقت تدفین سب لوگ تربت کا گھیراؤ کر لیتے ہیں ۔ شاعر، لوگوں کے اس خلوص پر بھی طنز کرتا ہے ۔

عمر بھر اہلِ وطن نے بات تک مجھ سے نہ کی
لوگ میری قبر پر پھر جمگھٹا کرتے رہے
(خلیل الرحمٰن رازؔ)

استاد قمرؔ جلالوی نے البتہ اس ضمن میں اعلیٰ ظرفی کا مظاہرہ کیا اور جنازے کے ساتھ آنے والوں کے بے لوث تعاون کا شکریہ ان الفاظ میں ادا کیا۔

شکریہ اے قبر تک پہنچانے والو شکریہ
اب اکیلے ہی چلے جائیں گے اِس منزل سے ہم

ایک عام دستور ہے کہ لوگ مرنے والے کے لیے خیر کے کلمات کہتے ہیں اور اُس کے حق میں بخشش کی دعا کرتے ہیں۔ داغؔ نے یہ سب کچھ اپنے محبوب کی زبان سے کہلوا کر سُرخ روئی حاصل کی ۔

خبر سُن کر مرے مرنے کی وہ بولے رقیبوں سے
خدا بخشے بہت سی خوبیاں تھیں مرنے والے میں

اُستاد ذوقؔ کو اپنی عزتِ نفس کا اتنا پاس تھا کہ اس بارے میں

بھی وہ کسی کے شرمندہء احسان نہ ہوئے اور اپنے لیے دعائے مغفرت خود ہی کرڈالی۔

کہتے ہیں آج ذوقؔ جہاں سے گزر گیا
کیا خوب آدمی تھا ، خُدا مغفرت کرے

کراچی والے استاد جو عمر بھر محبوب کے دیدار کو ترستے رہے ،بعداز مرگ شربتِ دیدار سے سیر ہوئے۔ پھراس خوشی کے موقع پر''سچ کا سہارا لیتے ہوئے'' کہا۔

آئے میرے مزار پہ گھونگھٹ اتار کے
مجھ سے نصیب اچھے ہیں میرے مزار کے

استاد نے بڑی استادی سے اپنی قبر پر پھول بھی ڈلوالیے۔

بات کرمیری لحد پر ، غیر ہی سے بات کر
یہ سنا ہے پھول جھڑتے ہیں تری تقریر میں

(قمر جلالوی)

خیر صاحب تدفین ہوگئی ۔ دعاء درود کے بعد قبر پر پھول بھی پڑ گئے ۔لیکن شاعر کو پھر بھی چین نہیں۔ وہ اپنی قبر میں پڑے پڑے سوچتا ہے۔

کس طرح قتل ہوگیا میرا
میں تو اپنوں کے درمیان میں تھا

(معراج جامیؔ)

مقتول اپنے قاتل کو دیکھنا چاہتا ہے اور یہ بھی چاہتا ہے کہ قاتل کیفرِ کردار تک پہنچے۔ چنانچہ وہ قبر سے باہر آ کر متعلقہ حکام سے مطالبہ کرتا ہے ع میرے قاتل کو مرے سامنے لایا جائے (پیرزادہ قاسم) ۔ جواب حوصلہ افزا نہیں ملتا تو مجبوراً وہ خود ہی اپنے قتل کے کیس کی تفتیش شروع کردیتا ہے اور اس مقصد سے گواہوں کی تلاش کے لیے نکل پڑتا ہے۔

زمینِ شور میں برگ و گیاہ ڈھونڈتا ہوں
میں اپنے قتل کے سچے گواہ ڈھونڈتا ہوں

(سجاد زیدی)

مصطفیٰ زیدی بھی ایسے ہی خود تفتیشی مشن پر اپنی تربت سے باہر تشریف لائے تھے لیکن پھر تھک ہار کر یہ کہتے ہوئے واپس وہیں چلے گئے کہ

میں کس کے ہاتھ پہ اپنا لہو تلاش کروں
تمام شہر نے پہنے ہوئے ہیں دستانے

ایک اور صاحب کو کوئی گواہ نہ ملا۔ تاہم وہ مایوس نہیں ہوئے بلکہ پورے اعتماد کے ساتھ کہا۔

اپنے ہی قتل کی میں آپ گواہی دوں گا
تجھ کو تصویر کے باہر بھی دکھائی دوں گا

(شفیق عباس)

ایک شاعر نے تو حد ہی کردی۔ موصوف خودکشی کا ارتکاب کر کے پہلے تو جائے واردات سے فرار ہو گئے۔ پھر اپنا کیس تیار کرنے کے لیے دوسروں سے مدد طلب کرنے لگے کہ مجھ کو تلاش کر کے میرے پاس لاؤ تاکہ میں خود اپنے آپ سے اپنے قتل کا حساب لے سکوں۔ دیکھیے شاعری کتنا سچ بولتی ہے۔

میں اپنا قتلِ عمد کرکے ہوگیا روپوش
کہیں ملوں تو مرے پاس کھینچ لاؤ مجھے

(ثاقب انجان)

ایک معروف مزاح گو (پروفیسر عنایت علی خان) اپنی برسی بلکہ برسی کی سلور جوبلی میں بنفسِ نفیس شریک ہوئے ۔ وہ اپنی محبوبہ کی وہاں شرکت اور خوش خوراکی کا مذاق اڑاتے ہیں۔

کھارہی ہے میری پچیسویں برسی کا پلاؤ
روز دھمکی جو دیا کرتی تھی مرجانے کی

تو یہ ہے صورت حال اس دعوے کی کہ......شاعری سچ بولتی ہے ۔اگر یہ سچ ہے تو جھوٹ کیا ہے؟ صرف سیاست ؟ میں نہیں مانتا۔ سیاست داں کبھی کبھار حادثاتی طور پر سچ بھی بول دیتا ہے۔ (اگر لوگ اس پر یقین کر لیتے ہیں تو وہ حیران رہ جاتا ہے۔) شاعر کو یہ توفیق شاید ہی نصیب ہوتی ہو۔ ایک معروف امریکی شاعر نے اعتراف کیا تھا''جب میں بچہ تھا تو لوگ مجھے جھوٹا کہتے تھے۔اب جبکہ میں بڑا ہوگیا ہوں تو سب مجھے شاعر کہنے لگے ہیں۔'' ☆

منتخب انشائیوں کا ایک اور مجموعہ

شگفتہ بیانی (حصہ اول)

مرتبہ : ادارہ شگوفہ

بین الاقوامی ایڈیشن منظر عام پر آچکا ہے